Ordination - Sendung - Beauftragung

KONTAKTE 4

Beiträge zum religiösen Zeitgespräch
Herausgegeben von Michael Kessler

Ordination - Sendung - Beauftragung

Anfragen und Beobachtungen zur rechtlichen, liturgischen und theologischen Struktur

Herausgegeben von

Michael Kessler

francke verlag

Titelabbildung: Vielfalt der Lebensspuren im schöpferischen Spiel. Tusche auf Papier 1995, von Margarete Baur, Sindelfingen.

Die Deutsche Bibliothek – CIP-Einheitsaufnahme

Ordination, Sendung, Beauftragung : Anfragen und Beobachtungen zur rechtlichen, liturgischen und theologischen Struktur / hrsg. von Michael Kessler. –
Tübingen ; Basel : Francke, 1996
(Kontakte ; 4)
ISBN 3-7720-2523-4
NE: Kessler, Michael [Hrsg.]; GT

Gedruckt auf säurefreiem und alterungsbeständigem Werkdruckpapier.

Druck: Müller + Bass, Tübingen
Verarbeitung: Braun + Lamparter, Reutlingen
Printed in Germany

ISSN 0949-7277
ISBN 3-7720-2523-4

Inhaltsverzeichnis

Vorwort

Die Fragen, die sich um das Themenfeld *Ordination, Sendung, Beauftragung* auftun, reichen unmittelbar hinein in die seit Jahren andauernde Diskussion über das theologisch und ekklesiologisch zentrale Verständnis des kirchlichen Amtes, der Gemeindeleitung und der sachgerechten Bestimmung dessen, was – angesichts einer im Gefolge des Konzils eingetretenen Ausdifferenzierung von sog. *Ämtern und Diensten* – man sich unter kooperativer Pastoral denn nun eigentlich vorzustellen habe.

Das vorliegende Buch macht sich indessen nicht anheischig, die vielfältigen, sehr komplexen und durchaus kontrovers diskutierten Probleme lösen zu wollen. Sein Hauptaugenmerk gilt der genaueren Betrachtung der liturgischen Strukturen und im Ausgang von diesen – der heuristischen Prämisse folgend, daß aus der lex orandi sich Aspekte erschließen lassen, die für die lex credendi erheblich sind – den daraus sich ergebenden theologischen und kanonistischen Fragen.

- Es beginnt mit einer Befunderhebung und ihrer Reflexion, nämlich der *Praxis der Feier der Beauftragung von Pastoralreferenten/innen* im Raum der deutschen Diözesen sowie der aus den gebräuchlichen Bereitschaftserklärungen und Segensgebeten zu ziehenden Folgerungen hinsichtlich der übertragenen Aufgaben und deren Qualität (G. Bausenhart).
- Angeschlossen wird ein Blick auf die liturgische Gestaltung der gottesdienstlichen *Einführung in Ämter und Dienste von nichtordinierten Gemeindegliedern in der evangelischen Kirche* in ihren Hauptentwicklungslinien (F. Schulz).
- Darauf folgen pastoraltheologische Anfragen zur liturgischen und theologischen Struktur des *Ritus der Priesterweihe* (St. Knobloch).
- Unter Einbeziehung der liturgischen Praxis für die Indienstnahme sowohl der Diakone, als auch der Pastoral- und Gemeindereferenten/innen ergeht sodann ein liturgiewissenschaftliches Plädoyer für eine veränderte Sichtweise: *Der eine Dienst in der Vielfalt seiner Formen* (A. Jilek).

- Theologische und praktische Überlegungen betreffend den nicht-zufälligen, besonderen *Bezug zwischen gemeindeleitendem Amt und Eucharistie* aus der Sicht des systematischen Theologen machen deutlich, daß die anstehenden Probleme auf der pragmatischen Ebene allein nicht zu lösen sind (P. Walter).
- Der Unterscheidung und sachgerechten Bestimmung von *Sakrament des Ordo* und *kirchlichem Amt* widmet sich ein ausführlicher, die geschichtlichen Entwicklungen berücksichtigender kanonistischer Beitrag (M. Kaiser).

Alle Texte sind ursprünglich im Rahmen des *3. Rottenburger Symposions zu Fragen und Problemen gegenwärtiger Sakramententheologie und -liturgie* im Frühjahr 1995 als Impulsreferate vorgetragen worden.

Als Herausgeber danke ich den Verfassern für die Bereitstellung ihrer Beiträge. Sie werden der oben angesprochenen Debatte förderlich sein und ihr gleichzeitig Aspekte und Beobachtungen zuführen, die bisher eher übersehen wurden.

Rottenburg, im März 1996 Michael Kessler

Guido Bausenhart

Zur Feier der Beauftragung von Pastoralreferent(inn)en

Befund – Reflexionen – Optionen

Alle Jahre wieder einen Ausbildungskurs von Pastoralassistentinnen und Pastoralassistenten zur Beauftragung zu führen und sie dem Bischof zu präsentieren, provoziert in dieser Regelmäßigkeit alle Jahre wieder auch die Frage: Was geschieht da eigentlich? Was tut denn der Bischof da?

> Für mich hat sich unverhofft eine Tür aufgetan, um diese Frage weiterzutreiben, als ich auf einer Jahreskonferenz der Ausbildungsleiter/innen 1992 in Bensberg Verbündete fand: Anne Kurlemann (Bamberg), Michael Heinschke (Berlin) und Christine Pöllmann (München). Wir haben eine Arbeitsgruppe gebildet. Der schlossen sich dann (z.T. zeitweise) an: Eva-Maria Horvath (Limburg), Dr. Gerhard Kellner (Augsburg), Dr. Adrian Loretan, Franziska Loretan-Saladin (Luzern), Wolfgang Meurer (Aachen).
>
> Das Ursprungsinteresse unserer Arbeitsgruppe war, die Theorie zu heben, die der Praxis der Beauftragungsfeiern implizit ist, so wie wir sie wahrnehmen und auch selbst vollziehen, also: theologisch zu verstehen, was wir da jeweils tun bzw. was da geschieht. Unser erster Schritt war darum eine empirische Untersuchung: Wir haben alle in den verschiedenen Diözesen real existierenden und unterschiedlich gefeierten Beauftragungen gesichtet. D.h.: Uns lag im allgemeinen der Stand von 1992 vor. An diesem Befund war uns dann manches aufgefallen; er hat Fragen aufgeworfen. Wir haben uns diesen theologisch relevanten Fragen gestellt und schließlich versucht, theologisch und pastoral begründete Optionen zu formulieren. Der unabdingbare normative Zwischenschritt war natürlich der ebenso notwendige wie riskante Versuch einer Theologie der Beauftragung.

Die wichtigsten Resultate dieses Dreischritts: Befund – Reflexionen – Optionen, oder: „Aufgefallen – Hinterfragt – Optionen" sollen im folgenden vorgestellt werden, jeweils auch gegliedert nach A, B und

C. Dabei werden Fragen offenbleiben; auch die werden formuliert.[1]

1. Die Eucharistiefeier als Rahmen der Beauftragung

(A) Ausnahmslos hat die Beauftragung – wo sie stattfindet[2] – ihren Ort innerhalb einer Eucharistiefeier, und diese Tatsache wird selten eigens thematisiert.

(B) Diese Selbstverständlichkeit ist dann doch nicht so ganz selbstverständlich, wenn man bedenkt, daß die Eucharistiefeier der zentrale Selbstvollzug der Kirche ist; dann impliziert ein Geschehen, das in diesem Rahmen vollzogen wird, doch auch eine für die Kirche zentrale Bedeutung.[3]

(C) Die Eucharistie als Ort der Beauftragung scheint angemessen, wenn man den Dienst der Pastoralreferent(inn)en im Zentrum des Auftrags der Kirche überhaupt sieht: nämlich in der Seelsorge oder Pastoral, und wenn man ihr Handeln als ein amtliches bedenkt, als ein im Namen der Kirche vollzogenes.

---

[1] Ins neue „Lexikon für Theologie und Kirche" sind die Stichworte „Aussendung" und „Beauftragung" – die beiden gebräuchlichsten Bezeichnungen für die Sache – so nicht aufgenommen; sie solle unter „Missio" verhandelt werden. – Der von Bruno Kleinheyer verfaßte Faszikel „Ordinationen und Beauftragungen" im großen Handbuch der Liturgiewissenschaft „Gottesdienst der Kirche" (Teil 8: Sakramentliche Feiern II, Regensburg 1984, 12-65) erwähnt Beauftragungen nur im Zusammenhang der Ministeria. – Jürgen Burkhardt veröffentlichte eine auf seiner Diplomarbeit (1985) basierende Untersuchung „Die liturgische Feier der Beauftragung von Pastoralreferenten. Die derzeitige Praxis in den Bistümern der Bundesrepublik Deutschland" im Liturgischen Jahrbuch 36 (1986), 109-130.

[2] In Eichstätt wird die Missio per Post zugeschickt (1992); Fribourg kennt keine Beauftragungsfeiern; in den Niederlanden erfolgt eine Installation in der Einsatzgemeinde durch den Ortspfarrer im Sonntagsgottesdienst. In Bamberg erfolgte 1994 die Beauftragung erstmals im Rahmen eines Wortgottesdienstes.

[3] Dabei ist natürlich auch kritisch daran zu erinnern, daß so manche Fahne so manches Schützenvereins im Rahmen einer Eucharistiefeier „geweiht" wurde und wird.

2. Die Beteiligung der Gemeinde

(A) Die Gemeindebeteiligung zeigt sich zunächst im durchgängig öffentlichen, allgemein zugänglichen Charakter der Feier. Im Ritus der Beauftragung selbst wird diese Beteiligung besonders deutlich im gemeinsam gesprochenen Credo sowie in der Einladung des Bischofs zum Gebet. Auch werden die Kandidat(inn)en aus der Gemeinde heraus aufgerufen. Schließlich ist bisweilen der Ort der Beauftragung auch die Pfarrkirche einer Ausbildungs- bzw. Einsatzgemeinde.

(B) Die Beteiligung der Gemeinde an dieser Feier scheint sinnvoll aus drei Gründen: einmal gilt ja der Dienst der Pastoralreferent(inn)en dem Aufbau und dem Leben der Gemeinden; da geht es um die angemessene Präsenz der „Adressaten" dieses Dienstes, und der relative Charakter des Dienstes wird deutlich. Sodann sind es auch die Ausbildungsgemeinden, die – repräsentiert durch den (Ausbildungs-)Pfarrer (und den Ausbildungsleiter) – dem Bischof gegenüber bezeugen, daß sich das Charisma der Kandidat(inn)en bewährt hat und daß sie sie ihm deshalb zur Beauftragung empfehlen. Schließlich bleibt ja für die Pastoralreferent(inn)en auch nach ihrer Beauftragung – wie für die Ordinierten – die „wahre Gleichheit" bestehen, die „vera aequalitas", von der das Konzil spricht (LG 32,3) und im Anschluß daran auch der neue CIC (can.208); sie gehören weiter zum Volk Gottes, zur Gemeinde.

(C) Die Formen der Beteiligung der Gemeinden könnten durchaus noch ausgebaut und erweitert werden. Zwei Dinge sind vorstellbar: einmal eine Präsentation der Kandidat(inn)en auch durch die Ausbildungsgemeinden bzw. ein ausdrückliches Einverständnis der Gemeinden mit deren Beauftragung – da könnte so etwas wie ein Pate die Bewährung der Kandidat(inn)en bezeugen. Zum zweiten eine Präsenz auch der künftigen Gemeinden oder Einrichtungen, denen der Dienst der zu Beauftragenden in Zukunft gelten soll.[4]

Findet die Feier der Beauftragung in einer Pfarrkirche statt, ist natürlich auch die gastgebende Gemeinde mit ihren Ressourcen, z.B. den musikalischen, in die Gestaltung einzubeziehen. Es sollte kein Gastspiel auf fremder Bühne gegeben werden.

---

[4] Zu beidem hat der Ritus der Diözese Basel schon erste Formen entwickelt – s. Anhang 1.

3. Wer nimmt die Beauftragung vor?

(A) Wo immer es eine zentrale diözesane Beauftragungsfeier gibt, nimmt die Beauftragung der Bischof selbst vor oder sie wird in seinem Auftrag von einem Weihbischof erteilt.

(B) Einen so übereinstimmenden Befund theologisch zu würdigen heißt immer auch, Vorstellungen über das Amt selbst ins Spiel zu bringen, das in dieser Feier übertragen wird, und es zeigt sich – das wird später noch einmal zu unterstreichen sein –, daß die Frage nach der Beauftragung eigentlich eine zweite Frage ist, eine abgeleitete Frage, abgeleitet von der Frage bzw. der Antwort darauf, wie der Dienst der Pastoralreferent(inn)en selbst theologisch zu qualifizieren ist.

Zur Reflexion dieses Befundes ist folgendes zu sagen:
Die Beauftragung durch den Bischof bliebe diesem Amt äußerlich, wenn man sie als bloße offizielle In-Dienst-Nahme der über die Zeit (der Berufseinführung) erwiesenen und bewährten, in Taufe und Firmung sakramental begründeten Vollmacht dächte und wenn man den Dienst als lediglich einen der vielfältigen allgemeinen und zugleich individuellen Dienste der einzelnen und der Gruppen in der Kirche betrachtete. Diese erfolgen ja aus eigener, ursprünglicher Kompetenz, vorab jeder bischöflichen Bevollmächtigung oder amtlichen Delegation.

Für das Amt der Pastoralreferent(inn)en erscheint die Beauftragung durch den Bischof aber konstitutiv – das legt der einhellige Befund nahe. Dieser Dienst nimmt teil nicht nur an der der Kirche und allen Getauften gemeinsamen Sendung, in der Kraft des Geistes als Volk Gottes Sakrament des Heils zu sein für die Welt. Er nimmt auch teil am Amt des Bischofs selbst, an seinem institutionalisierten, autoritativ glaubensverbindlichen Dienst der Verkündigung und Leitung.

(C) So bedeutete die Beauftragung sowohl die öffentliche Anerkennung und Bekräftigung eines Charismas wie zugleich seine In-Dienst-Nahme im Sinne einer amtlichen Sendung für die Menschen im Namen Jesu Christi.

4. Die Elemente des Ritus der Beauftragung

(A) Da ist der empirische Befund sehr bunt, und die Varianten sind zahlreich. Folgende sechs Elemente des eigentlichen Beauftragungsritus finden sich in den verschiedenen Diözesen – nicht immer alle, nicht immer in derselben Reihenfolge und in durchaus unterschiedlicher konkreter Form und Ausgestaltung:

* Da ist zuerst zu nennen ein Heilig-Geist-Lied.
  Wo es gesungen wird, steht es gewöhnlich am Anfang des Ritus, nur einmal (Osnabrück) schließt es die Beauftragung ab.

* Danach werden die Kandidat(inn)en aufgerufen in zwei Varianten:
  – nur mit Namen oder aber
  – mit Namen und bisherigen Einsatzorten.

* Ein drittes Element ist das Credo.
  – Sein Ort variiert insofern, als es teils vor, teils nach der Bereitschaftserklärung plaziert ist, und
  – seine Form variiert so, daß es einerseits die Kandidat(inn)en alleine sprechen und es andererseits zusammen mit der Gemeinde gesprochen wird.

* Die Bereitschaftserklärung als nächstes Element ist konsequenterweise zwar in allen Riten vorgesehen, findet sich aber in verschiedenen Formen[5]:
  – in der Frageform mit oder ohne vorhergehende Anrede des Bischofs, als eine einzige Frage oder aber in mehreren Fragen[6].

---

[5] Vgl. Anhang 4.

[6] Z.B. „Liebe Schwestern und Brüder! Ich werde Euch nun die kirchliche Sendung erteilen und Euch zur Mitarbeit und zur Glaubensverkündigung in den Gemeinden unseres Bistums beauftragen. Vor dieser Aussendung bitte ich Euch, daß Ihr vor der hier versammelten Gemeinde Eure Bereitschaft erklärt, diesen Dienst zu übernehmen. – Seid Ihr bereit, die Aufgaben eines Pastoralreferenten bzw. einer Pastoralreferentin zu übernehmen und mit der Hilfe Gottes Euren Dienst zu tun?“ – „Ich bin bereit.“ – (München) – vgl. auch Basel: Anhang 1.

– in einer 2. Form sprechen die Kandidat(inn)en eine eigene Bereitschaftserklärung nach vorhergehender Anrede des Bischofs und mit anschließender Annahme dieser Bereitschaft[7].
– in einer dritten Form steht die Bereitschaftserklärung allein (nach der Vorstellung der Kandidat<inn>en), z.B. in Regensburg, und in Augsburg scheint der Bischof (schien der Bischof -1992!) den Auftrag zu formulieren, ohne die Bereitschaft öffentlich zu erfragen, sie also wohl stillschweigend und natürlich zurecht vorauszusetzen.

* An die Bereitschaftserklärung schließt sich als 5. Element die formelle Beauftragung an. Da finden sich
  – (meist) absolute Formeln neben (seltener) relativen[8]
  – und (seltener) individuelle Formulierungen neben (meist) kumulativen[9].

---

7 Z.B.: „Ich bitte Sie, Ihre Bereitschaft zum Dienst auszusprechen." – „Wir sind bereit, Gottes Wort gemäß dem Evangelium und dem Auftrag der Kirche zu verkündigen, den Dienst an den Menschen in Liebe zu tun, im Auftrag des Bischofs mit den Priestern und allen Mitarbeitern (sic!) der Kirche brüderlich (sic!) zusammenzuarbeiten, um so Zeugnis zu geben von unserem Herrn Jesus Christus zum Heil der Menschen." –„Ich danke für Ihre Bereitschaft, einen pastoralen Dienst in unserer Diözese zu übernehmen. So sende ich Sie ..." (Würzburg) – vgl. auch Rottenburg-Stuttgart: Anhang 2.

8 Z.B.: „Ich nehme Ihre Bereitschaft an und sende Sie zum seelsorglichen Dienst in der Kirche von Hildesheim." – vgl. auch Rottenburg-Stuttgart und die ‚Institutio' in Basel: Anhang 1 und 2.
oder: „Ich beauftrage Sie, N.N., zum Dienst als Pastoralreferent(in) in der Kirche von Köln für die Gemeinde N.N." – vgl. auch die ‚Missio' in Basel: Anhang 1.

9 Z.B.: vgl. oben Köln; aber auch Österreichischer Modellritus, hrsg. v. der Liturgischen Kommission für Österreich 1991 und Passau: Vortreten der einzelnen, Heilige Schrift überreicht mit den Worten: „Empfange das Buch der Heiligen Schrift und verkünde das Wort Gottes in Wort und Beispiel, damit Glaube, Hoffnung und Liebe in den Herzen der Menschen geweckt und gefestigt werden." (ohne vorherige kumulative Formel) – vgl. auch die ‚Missio' in Basel: Anhang 1; oder vgl. oben Hildesheim.
Meist schließt sich an die kumulative verbale Beauftragung ein individuelles Zeichen der Beauftragung an, z.B. Handschlag. – Berlin: „Ich erteile Ihnen nun die Kirchliche Sendung für Ihren Dienst in der Kirche von Berlin.

* Ein letztes Element im Ritus der Beauftragung ist das Segensgebet des Bischofs.[10] Meist[11] erfolgt eine Einladung an die Gemeinde zum Gebet; auf nur die Segensformel ohne ein eigenes Segensgebet beschränken sich die Diözesen Münster und Regensburg.

Die Segensgebete haben folgende Struktur: Auf die Anrede folgt die Anamnese; dieser schließt sich die formelle Segensbitte an, mitunter (z.B. Rottenburg-Stuttgart) mit einer eigenen Bitte um Annahme der Kandidat(inn)en. Die Epiklese formuliert dann sowohl den Auftrag der Kandidat(inn)en wie auch die persönliche Ausstattung der zu Beauftragenden. Mit der Doxologie schließt das Gebet.

(B) Grundsätzlich ist bei der konkreten Gestaltung der Beauftragung mit ihren einzelnen Elementen auf größtmögliche Transparenz und Stimmigkeit zu achten: Transparenz sowohl für die Teilnehmer der Feier als auch Transparenz auf das Geschehen selbst hin und Stimmigkeit als Form der Übertragung eines kirchlichen Amtes im Blick auf das Amt, das da übertragen wird; das setzt natürlich ein geklärtes Verständnis des Amtes der Pastoralreferent(inn)en voraus – und es zeigt sich erneut, daß hier mit der Frage nach der Beauftragung eigentlich die zweite, abgeleitete Fragestellung traktiert wird.[12]

(C) Als Option ist wohl auf zwei Dinge hinzuarbeiten: einmal auf eine Vollständigkeit der wesentlichen Elemente und zweitens auf eine stimmige Logik in deren Reihenfolge.

Zum Zeichen dafür überreiche ich Ihnen die Urkunde und verpflichte Sie durch Handschlag." – vgl. auch Rottenburg-Stuttgart: Anhang 2.

[10] Vgl. Anhang 3.

[11] Eine Ausnahme bilden Hildesheim und der Modellritus für Österreich.

[12] Noch ein Indiz dafür: Ich habe die Bereitschaftserklärungen und Segensgebete eigens aufmerksam analysiert in der für mich naheliegenden Vermutung, daß ich, wenn irgendwo, dann hier auf profilierte Aussagen zum Dienst der Pastoralreferent(inn)en stoße; schließlich sollte ein Kandidat sagen können, wozu er bereit ist, und ein Bischof sollte wissen, wofür er den Segen Gottes erbittet. Aber die Verlegenheit in der präzisen Bestimmung des Amtes selbst spiegelt sich hier in den schwammigen Formulierungen der Bereitschaftserklärungen und Segensgebete. – Wenig profiliert sind aber diesbezüglich auch die Ordinationsgebete für den Diakon und Priester; der Bischof ist da eine Ausnahme.

Ein Votum sei folgendes:

- Homilie
- Heilig-Geist-Lied
- Aufruf und Präsentation der Kandidat(inn)en,
  und zwar namentlich und unter Beteiligung der Gemeinde
- Bereitschaftserklärung
- Glaubensbekenntnis,
  und zwar gemeinsam mit der Gemeinde
- Beauftragung selbst,
  und zwar mit einer absoluten Formel,
  als Einzelbeauftragung und
  mit einer Zeichenhandlung
- Segensgebet: anamnetisch und epikletisch.

Die Liturgiekommission der Deutschen Bischofskonferenz hat unter dem 03.11.1989 eine „Orientierungshilfe“ herausgegeben für die „Gottesdienste anläßlich der Beauftragung von Pastoral-/Gemeindereferenten/innen“[13]. Darin werden als „notwendige Elemente der liturgischen Beauftragungs-(Aussendungs-)feier“ folgende fünf formuliert:

1. Aufruf, und zwar namentlich
2. Bereitschaftserklärung,
   in Dialogform oder als Erklärung eines Sprechers im Namen aller
3. Glaubensbekenntnis, gemeinsam gesprochen mit der Gemeinde;
   das Credo wird hier einmal als Tauferneuerungstext verstanden, sodann als Ausdruck zugleich der Verpflichtung auf den Glauben der Kirche wie des Dienstes am Glauben der Mitchristen. Das Glaubensbekenntnis habe seinen organischen Platz vor der Erteilung der Beauftragung.
4. Erteilen der Beauftragung:
   dabei könne an die Stelle des an alle gerichteten Beauftragungsspruchs oder ergänzend dazu eine Einzelbeauftragung erfolgen (eigens erwähnt wird die „Traditio“ und hingewiesen auf eine

---

[13] Sie ist im Liturgischen Jahrbuch publiziert (LJ 41 <1991>, 53-57), soll aber ausdrücklich „nicht als Richtlinien verstanden werden“.

Urkunde oder ein Exemplar der Heiligen Schrift oder das Stundenbuch als „ausdeutende Zeichen")

5. Segensgebet mit einem anamnetischen und epikletischen Teil. Besonders aufmerksam gemacht wird in dieser Orientierungshilfe auf die dem Segen vorausgehende Gebetseinladung, die der anwesenden Gemeinde bewußt machen soll, daß sie in diesem Augenblick mitbetend beteiligt ist.

5. Die Zeichen im Vollzug der Beauftragung

(A) Die in der Beauftragung jeweils verwendeten Zeichen sind sehr vielfältig, z.T. werden sie auch jedes Jahr neu vereinbart. Da sind z.B. der Handschlag, der Friedensgruß, das Überreichen der Urkunde, der Hl. Schrift, einer Kerze, das Kreuz, ein Krug (dieses Zeichen stammt vom zentralen Schrifttext: der Elija-Geschichte, und hat im Jahr darauf bei einem anderen Text seine Plausibilität natürlich verloren), ein Buch, usw.

(B) Alle Zeichen sind besonders zu hinterfragen auf ihre Stimmigkeit hin, darauf, ob sie angemessen zum Ausdruck bringen, wofür sie stehen. Die Frage, ob es allen deutschen Diözesen gemeinsame Zeichen geben sollte, soll nur gestellt sein.

(C) Zur Orientierung müßte man drei Kategorien von Zeichen unterscheiden – drei Kategorien mit zunehmender Variabilität bzw. abnehmender Verbindlichkeit:

Da wäre zuerst die eigentliche Zeichenhandlung: z.B. der Handschlag, vielleicht auch der Friedensgruß; die Analogie dazu wäre die Handauflegung.
Dann wären da die deutenden Zeichen: z.B. Bibel, Kreuz oder Stundenbuch; die Analogie wäre die „traditio instrumentorum" (Bibel, Kelch/Schale, Hirtenstab).
Eine letzte Kategorie von Zeichen wären Geschenke, etwa ein Buch o.ä.

Der unterschiedlichen Verbindlichkeit dieser Kategorien entspricht auch das unterschiedlich ausgeprägte Motiv, diese Zeichen zu vereinheitlichen.

6. Die Bezeichnung der Feier

(A) Diese variiert zwischen „Beauftragung“ (6x) und „Aussendung“ bzw. „Sendung“(14x). Das Rahmenstatut der Deutschen Bischofskonferenz von 1987[14] spricht neben „Beauftragung“ (1.2; 6) auch von „Bestellung“ (1.1; 5.3), nicht von „Sendung“.

(C) Man sollte auf eine einheitliche Bezeichnung hinarbeiten im Interesse einmal einer besseren Verständigung, dann aber auch, weil ein und dieselbe Sache keine zwei Namen tragen sollte. Eine Entscheidung hierüber wird man nicht per Abstimmung erreichen können. Bei einer Festlegung ist auf die Assoziationen zu achten, die die jeweiligen Termini auslösen. Im Sprachgebrauch des Rahmenstatuts zielt die Bezeichnung „Beauftragung“ auf die „Mitwirkung an Aufgaben des kirchlichen Amtes“ (6.).

7. Der Zeitpunkt der Beauftragung

(A) Der Zeitpunkt der Beauftragung ist in den einzelnen Diözesen recht unterschiedlich; das hängt zusammen mit den recht unterschiedlichen Formen der Berufseinführung. Das soll hier nicht im einzelnen dokumentiert werden.

(B) Grundsätzlich ist wohl ein Dreischritt anzunehmen: Charisma – (Dienst/Funktion/)Bewährung – Indienstnahme.

Am Anfang eines beruflichen Weges steht ein Charisma, eine geschenkte Berufung, durch die der Geist Jesu Christi in seiner Kirche wirksam sein will, eine Gabe, die Aufgabe ist, die zur Dienstleistung wird, „damit sie anderen nützt“ (1 Kor 12,7), eine nach „Art“ (1 Kor 12,11) und „Maß“ (Eph 4,7) bestimmte und den Menschen als Person bestimmende Begabung. Paulus weist ja darauf hin, daß „nicht alle Glieder denselben Dienst leisten“ (Röm 12,4).

Die zu beauftragenden Frauen und Männer haben mit diesem Charisma und an diesem Charisma gearbeitet im Studium, auch

[14] Vgl. Rahmenstatuten und -ordnungen für Gemeinde- und Pastoral-Referenten/Referentinnen (Die Deutschen Bischöfe 41) Bonn 1987.

davor in ihren jeweiligen Gemeinden oder Gemeinschaften, dann in der Zeit der Ausbildung. Sie haben ihr Charisma als Dienst gelebt, es nicht für sich behalten, haben es eingesetzt in ihrer Arbeit als pastoralem Dienst. Ihr Charisma hat sich im Dienst bewährt, das bezeugen ihre Ausbildungsgemeinden über ihre Pfarrer, das bezeugt der Ausbildungsleiter in seinem Votum gegenüber dem Bischof. Die Kandidat(inn)en haben ihre Eignung selber geprüft, und sie ist von anderen geprüft worden.

Nun wird in der Beauftragung dieses Charisma öffentlich und auf Dauer in Dienst genommen, anerkannt, so daß dieser Dienst in besonderer Weise zum kirchlichen Dienst wird, ausgeübt in ausdrücklichem Auftrag des Bischofs.

(C) Von daher – und das ist die Option – legt sich als Zeitpunkt für die Beauftragung das Ende der Berufseinführung nahe.

8. Der Ort der Beauftragungsfeier

(A) Die Praxis variiert zwischen dem Dom, einer Ausbildungsgemeinde und einer künftigen Einsatzpfarrei.

(B) Der Dom steht für die diözesane Bedeutung des Berufs; er ist für viele auch ein Ausdruck der Anerkennung dieser Bedeutung. Die Ausbildungsgemeinde steht für den relativen Charakter des Dienstes, für die Bezogenheit auf die Gemeinden und die dort lebenden Gläubigen. Hier wird die Bewährung im Dienst noch einmal deutlich, aber insgesamt eher der Abschluß der Ausbildung erlebt als der Aspekt der Sendung. Die neue Einsatzgemeinde wiederum hebt das Moment der Sendung hervor, wogegen das der Bewährung entsprechend zurücktritt.

9. Gemeinsame Feiern mit anderen pastoralen Diensten?

(A) Gemeinsame Beauftragungs- und Ordinationsfeiern scheinen in dem Maße möglich und sinnvoll, als zugleich auch die Unterschiede der verschiedenen Berufe deutlich werden können. Gerade dies wird aber erschwert durch das hohe Maß an Gemeinsamkeit der Dienste, die ja eigentlich gemeinsame Feiern nahelegen, und die Tatsache, daß die Profilierung des einen Berufs rasch auf Kosten der anderen Berufe zu geschehen droht.[15]

10. Verständnis der Beauftragung

(A) Es fällt auf, daß die Beauftragung nur einmal erfolgt, also nicht wiederholt wird: nicht beim Wechsel einer Stelle, nicht bei der Rückkehr aus einer Beurlaubung, nicht beim Wechsel von einer Diözese in ein anderes Bistum.

(B) Das gibt zu denken in Richtung eines absoluten, unverlierbaren Moments an der Beauftragung als Indienstnahme. Die Frage, ob die Beauftragung absolut geschieht oder relativ, ist zugleich die recht praktische Frage, ob es Sinn hat, Pastoralreferent(inn)en zu beauftragen, die vorübergehend keinen Dienst antreten, z.B. Frauen, die den gesetzlichen Erziehungsurlaub in Anspruch nehmen.

Die Beauftragung scheint absolut in dem Sinn, daß die Kirche ein Charisma anerkennt und mit der Beauftragung auf ein zuvor ergangenes berufendes Wort Gottes antwortet. Relativ scheint mir die Beauftragung in dem Sinn, daß das Amt der Pastoralreferent(inn)en kein Selbstzweck ist, sondern ein pastoraler und damit konkreter Dienst, der Menschen gilt in der Kirche, daß also Berufung und Aufgabe bzw. Indienstnahme und Arbeitsplatz nicht zu trennen sind, daß Berufung immer Sendung bedeutet.

Beide Aspekte könnten darin vermittelt werden, daß wohl ein allgemeiner, ein für allemal übertragener Auftrag angenommen wird, der aber nur als situativ bestimmter ausgeübt werden kann.[16]

---

[15] In der Diözese Rottenburg-Stuttgart ist dann die Praxis so, daß der Bischof im Sommer an drei aufeinanderfolgenden Samstagen die Gemeindereferent(inn)en beauftragt, dann die Pastoralreferent(inn)en und schließlich die Priester ordiniert; nur die Reihenfolge wechselt.

[16] Hier gerät man in die Nähe der Frage nach dem Verhältnis von ‚ordo' und ‚iurisdictio' bzw. der nach der ‚absoluten Ordination'. Dem II. Vaticanum lag an der Einheit der ‚sacra potestas'. – vgl. M. Kaiser, Absolute Ordination?: H. Roßmann/J. Ratzinger (Hrsg.), Mysterium der Gnade. FS J. Auer, Regensburg 1975, 183-194; P. Krämer, Dienst und Vollmacht in

(C) Die Beauftragung wäre demnach als einmalige, auf Dauer angelegte Indienstnahme verstanden. Im Zusammenhang damit und doch davon unterschieden stünde die Einweisung in eine bestimmte Aufgabe.

Deutlich kommt diese Struktur in der Basler Liturgie zum Ausdruck in der Unterscheidung von ‚institutio' und ‚missio'.[17]

11. Ist die Beauftragung konstitutiv für den Dienst?

Dieser Punkt führt an die Grenze des über die Beauftragungsfeier Sagbaren.

(A) Der Befund ist folgender: überall[18] – fast überall (s.o.: Eichstätt, Fribourg) – gibt es Feiern der Beauftragung, überall als gottesdienstliche Feiern. Nirgends wird es beim unbefristeten Dienstvertrag belassen.

(B) Es stellt sich da dann doch die Frage: Wird hier von der Liturgie ein wirklich ernster oder bloß ein feierlicher Gebrauch gemacht? Oder sachlicher gefragt: Kommt in der Beauftragung zu der in Taufe und Firmung liegenden sakramentalen Begründung des Diestes der Pastoralreferent(inn)en, ohne diese zu verlieren, noch ein weiteres Moment hinzu? Ist die Beauftragung also konstitutiv für den Dienst?

(C) Soviel wird sich sagen lassen: Die zu Taufe und Firmung hinzukommende feierliche gottesdienstliche Beauftragung ist mit einem amtlichen Gebet und Segen verbunden. Unklar ist der theologische Status dieser Übertragung eines kirchlichen Amtes: Ist sie als Sakramentale zu denken oder ist sie vom für die kirchliche Dienststruktur vorgesehenen Sakrament des Ordo her zu entwerfen? Tertium datur?

Die nach der entsprechenden Gnadengabe wirksame Segensbitte macht jedenfalls deutlich, daß der Dienst der Pastoralreferent(inn)en zuerst von der Gnade und Verheißung Gottes getragen ist. Die amt-

---

der Kirche. Eine rechtstheologische Untersuchung zur Sacra Potestas-Lehre des II. Vatikanischen Konzils, Trier 1973; I. Riedel-Spangenberger, Sendung in der Kirche. Die Entwicklung des Begriffes ‚missio canonica' und seine Bedeutung in der kirchlichen Rechtssprache, Paderborn 1991.

[17] Vgl. Anhang 1.

[18] fast überall: außer Eichstätt und Fribourg; s. Fußnote 3.

liche Fürbitte muß durchaus als wirksam verstanden werden im Sinne des ‚verbum efficax'; insofern dürfen Pastoralreferent(inn)en darauf vertrauen, daß ihnen für ihr Amt eine entsprechende Gnadengabe nicht versagt ist.

12. Zwei ‚Postscripta'

Noch einmal zeigt sich, daß die Frage nach der Beauftragung eigentlich eine zweite Frage ist, abgeleitet von der Antwort auf die Frage nach dem Amt, zu dem da der Bischof beauftragt. Ein Konsens in der nachgeordneten Frage setzt einen Konsens in der zugrundeliegenden Frage voraus. Im folgenden sei das Problem thesenartig[19] benannt: als zwei ‚Postscripta'.

a. Zum theologischen Status des Dienstes der Pastoralreferent(inn)en

Die Grundentscheidung fällt m.E. bei der Frage, von woher das kirchliche Amt zu bestimmen ist: ob von der Aufgabe, dem Dienst, der Funktion her oder aber von der Ordination.

Schlagwortartig lassen sich beide Positionen festmachen einmal an Karl Rahner, für den nicht die sakramentale Weihe erste Voraussetzung für das Amtsträgersein ist, sondern die Aufgabe, die Inhaltlichkeit der Funktion[20]; die andere Position markiert das nachsynodale Apostolische Schreiben ‚Christifideles laici' (1988), wo man liest: „Nicht eine Aufgabe konstituiert das Amt, sondern das Sakrament des Ordo." (Nr. 23)

Man könnte die Frage auch in Analogie zu der der absoluten und relativen Ordination stellen. Der geschichtlichen Entwicklung von der relativen zur absoluten Ordination entsprach die Herausbildung der Zwei-Gewalten-Lehre: die Differenzierung zwischen (unverlierbarer) sakramentaler Weihe und (verlierbarer) rechtlicher Sendung

[19] Ausführlicher und gründlicher hoffe ich mich dazu öffentlich noch in diesem Jahrtausend äußern zu können.

[20] Vgl. Ulrich Möbs, Das kirchliche Amt bei Karl Rahner, Paderborn-München-Wien-Zürich 1992 (Beiträge zur ökumenischen Theologie 24).

oder Amtsübertragung, die schließlich gegenständliche Abgrenzung des kultischen Ordo (Heiligung) von der äußeren Jurisdiktion (Lehre, Leitung), bis dann das II. Vatikanum die Zwei-Gewalten-Lehre aufgab zugunsten des Drei-Ämter-Schemas (Lehre, Heiligung, Leitung / Prophet, Priester, König) und die sakramental begründete Einheit der ‚sacra potestas' als geistlicher Vollmacht herausstellte, ohne jedoch die Unterscheidung von Weihe und Sendung ganz aufheben zu können.

Das nachkonziliare Kirchenrecht konzipiert die Übertragung kirchlicher, auch pastoraler Ämter an Nicht-Ordinierte; die Deutsche Bischofskonferenz konzipiert den Dienst der Pastoralreferent(inn)en als bestimmte Ausformung der Berufung der Laien und reserviert den Amtsbegriff für die Ordinierten[21]. Die sog. ‚neuen Ämter' dürfen „nicht als Ausgliederung aus dem Sakrament des Ordo verstanden werden"[22]. Beide Amtsbegriffe – der des Kirchenrechts[23] und der der Dogmatik – gehören schleunigst miteinander vermittelt, zumal dabei der sakramentale Charakter der Kirche mit auf der Tagesordnung steht.

Die Deutsche Bischofskonferenz formuliert in der ‚Ordnung der pastoralen Dienste'[24] (1.4) selber den Spagat: „Durch die kirchliche Beauftragung wird jedoch nicht ein Amt im theologischen Verständnis übertragen. Der pastorale Dienst von Laien darf also nicht so angelegt sein, daß neben dem kirchlichen Amt faktisch etwas wie ein ‚Amt ohne Weihe' entsteht, das weitgehend den Hirtendienst ausübt, ohne hierfür die Weihe empfangen zu haben. Dadurch würden entgegen dem II. Vatikanum wiederum Weihe und Jurisdiktion voneinander getrennt."

---

[21] Vgl. die Stellungnahme der Deutschen Bischofskonferenz zu den *Lineamenta* für die Ordentliche Bischofssynode 1987 (2.4), veröffentlicht vom Sekretariat der Deutschen Bischofskonferenz in den ‚Arbeitshilfen' 45, Bonn 1986.

[22] Walter Kasper, Berufung und Sendung des Laien in Kirche und Welt. Geschichtliche und systematische Perspektiven: StZ 205 (1987), 588.

[23] vgl. Adrian Loretan, Laien im pastoralen Dienst. Ein Amt in der kirchlichen Gesetzgebung: Pastoralassistent/-assistentin, Pastoralreferent/-referentin, Freiburg Schweiz 1994 (Praktische Theologie im Dialog 9).

[24] Zur Ordnung der pastoralen Dienste, herausgegeben vom Sekretariat der Deutschen Bischofskonferenz (Die Deutschen Bischöfe 11), Bonn 1977.

Bischof Dr. Walter Kasper hat m.E. am 23.02.1994 in Reute bei der Frühjahrsvollversammlung der Deutschen Bischofskonferenz in seinem bedeutsamen Vortrag *Der Leitungsdienst in der Gemeinde* das vorliegende Dilemma anerkannt, wenn er abschließend zu bedenken gibt: „Einerseits hat die Kirche in der gegenwärtigen Situation einer geringer gewordenen und in Zukunft weiter abnehmenden Zahl von Priestern Bedarf an Männern und Frauen, welche einen pastoralen Dienst in den Gemeinden tun, der wesentlich über Einzelbeauftragungen hinausgeht und eine De-facto-Gemeindeleitung beinhaltet – mit Ausnahme der Aufgaben, die in einem strikten Sinn dem geweihten Priester vorbehalten sind. Solche Männer und Frauen gibt es, und sie tun ihren Dienst sehr oft mit großem persönlichen Einsatz und mit hoher spiritueller Motivation ... Auf der anderen Seite tut die Kirche mit diesen Beauftragungen, wenn sie extensiv und unreflektiert vollzogen werden, etwas, was sie ohne Gefahr für ihre sakramentale Grundstruktur und ohne schwierige Identitätsprobleme für die Priester wie für die so beauftragten Laien gar nicht tun kann, vielleicht auf die Dauer auch nicht tun darf."[25] Man ist versucht, die Pastoralreferent(inn)en als eine „Folge von Inkonsequenzen" (B. Strauß) zu verstehen.

b. Zum theologischen Status der Feier der Beauftragung

Noch einmal sei an die Alternative erinnert: ‚Sakrament' oder ‚Sakramentale'. Die Vorgabe der ‚Ordnung der pastoralen Dienste' der Deutschen Bischofskonferenz (3.10) war die: „Für die Mitwirkung an einzelnen Aufgaben des kirchlichen Amtes ist die Missio erforderlich." Und: „Sie muß in einer Form erteilt werden, die eine Verwechslung mit den Stufen der sakramentalen Ordination vermeidet." Diese Vorgabe muß mit dem referierten empirischen Befund konfrontiert werden.

> Die ‚Verwechslung' bekomme ich jährlich vorgehalten: von Pfarrern, die vor einer schleichenden ‚Klerikalisierung' warnen, womit sie mir irgendwie auch vor sich selber zu warnen scheinen; nicht weniger

[25] Der Vortrag ist vom Sekretariat der Deutschen Bischofskonferenz herausgegeben in der Reihe ‚Arbeitshilfen' (Nr. 118); das Zitat steht auf den Seiten 20f.

ideologisch scheint mir der Vorhalt von Pastoralreferent(inn)en. Doch auch wenn man sich dezidiert als Laie versteht, sollte man nicht sofort einen Frostbeschlag auf die Augen bekommen, wenn diese zufällig auf einen Kleriker treffen...

Der Eindruck einer solchen ‚Verwechslung' ist mir sehr verständlich; die Gefahr einer solchen Verwechslung scheint mir aber unvermeidlich, weil in der Sache selbst begründet.

Anhang 1

INSTITUTIO - MISSIO

des Pastoralkurses A am 12. Juni 1993 im Kirchenzentrum Höfli in Ebikon

---

I. ERÖFFNUNG

1. Einzug – 2. Liturgische Eröffnung – 3. Begrüßung – 4. Thematische Einleitung – 5. Eröffnungslied

6. *Vorstellung des Pastoralkurses*

Lieber Weihbischof Martin.
Als Kursleiter des diesjährigen Pastoralkurses darf ich Dir heute 18 Männer und Frauen vorstellen. Sie haben im vergangenen Jahr den Pastoralkurs besucht. Sie alle haben sich entschlossen und sind bereit, einen Dienst in unserer Kirche zu übernehmen.
Es sind dies: ...

7. *Empfehlung an den Weihbischof* (Subregens)

Sie alle haben Theologie studiert und ein Pfarreipraktikum absolviert. Im Pastoralkurs haben wir ihre menschlichen Qualitäten und seelsorgerlichen Fähigkeiten geprüft – soweit dies menschlichem Ermessen möglich ist. So darf ich sie Dir heute zur Sendung in den kirchlichen Dienst empfehlen.

8. *Dank für Dienstbereitschaft* (Weihbischof)

Ich möchte Ihnen allen danken für Ihre Bereitschaft, einen Dienst in unserer Kirche zu übernehmen. Ich freue mich, daß Sie im Vertrauen auf Gottes Geist den Schritt in den kirchlichen Dienst wagen. Diejenigen unter Ihnen, die als Pastoralassistentinnen und Pastoralassistenten im Bistum Basel tätig sein werden, darf ich heute mit der Missio beauftragen. Einige von Ihnen gehen diesen Schritt heute in der festen Absicht, für immer in den Dienst unseres Bistums zu treten. In der Institutio werden wir uns diese dauerhafte Verbindung gegenseitig versprechen.

9. Allerheiligenlitanei – 10. Tagesgebet

II. WORTGOTTESDIENST

11. Lesung: Jes 61,1-3a – 12. Instrumentalstück – 13. Evangelium: Lk 24, 13-35 – 14. Predigt – 15. Instrumentalstück

III. INSTITUTIO

16. *Einführung in die Institutio:*

Es folgt jetzt die Institutio. Mit der Institutio wird eine dauernde Beziehung zwischen dem Pastoralassistenten, bzw. der Pastoralassistentin und dem Bistum grundgelegt. Die Pastoralassistenten und -assistentinnen erklären sich bereit, persönlich Jesus nachzufolgen und ihr ganzes Leben lang im Bistum Basel die verschiedenen kirchlichen Aufgaben eines hauptamtlichen Theologen, einer Theologin wahrzunehmen. Sie versprechen dazu dem Bischof Solidarität und loyalen Gehorsam.

Im Auftrag von Bischof Otto verspricht ihnen Weihbischof Martin seinerseits, sie für immer in den kirchlichen Dienst des Bistums aufzunehmen und ihnen entsprechend ihren Fähigkeiten eine Arbeitsstelle zu suchen.

Ihre Bereitschaft zum Mittragen erklären auch die Ehepartnerinnen der Pastoralassistenten sowie die ganze Gemeinschaft der Kirche.

17. *Aufrufung der Kandidat(inn)en* (Subregens)

Lieber Weihbischof Martin,
sechs Männer und eine Frau haben sich entschieden, sich in den dauernden Dienst des Bistums zu stellen. – Es sind dies: ...

18. *Befragung zur Institutio* (Weihbischof)

Ich danke Ihnen für Ihre Bereitschaft, Ihr Leben in den Dienst unserer Diözese zu stellen. Nach dem Zeugnis des Neuen Testamentes gibt es in der Kirche verschiedene Dienste. Der Apostel Paulus erinnert die Christinnen und Christen daran, daß Gott die einen zu Aposteln, andere zu Propheten, andere zu Lehrern und wieder andere zur Leitung der Gemeinde bestimmt hat.

Auch heute bedarf die Gemeinschaft der Gläubigen dieser Vielfalt kirchlicher Dienste. Die Mitarbeit von Pastoralassistentinnen und Pastoralassistenten bereichert und befruchtet unsere Kirche. So ist es für uns alle eine Freude, daß Sie auf diese Weise in der Kirche unseres Bistums Basel mitarbeiten wollen. Bevor ich Sie in den besonderen Dienst unserer Diözese aufnehme, bitte ich Sie, öffentlich Ihre Bereitschaft zu bekunden.

18. a *Befragung der Kandidat(inn)en* (Weihbischof)

Ich frage Sie:

1. Sind Sie bereit, Jesus nachzufolgen und das hoffnungsvoll weiterzutragen, was mit ihm an Glaube und Heil aufgebrochen ist?

Kandidat(inn)en: Ich bin bereit.

2. Sind Sie bereit, auf das Wort Gottes zu hören und es immer tiefer aufzunehmen, um um in Solidarität mit dem Bischof, mit den Priestern, Diakonen, Pastoralassistentinnen und Pastoralassistenten, mit allen Frauen und Männern am Aufbau der Kirche mitzuwirken?

3. Zu Ihrem Auftrag gehört die Verkündigung: Sind Sie bereit, in hoffendem Vertrauen auf den Heiligen Geist die Frohe Botschaft Jesu zu verkünden?

4. Zu Ihrem Auftrag gehört die Diakonie: Sind Sie bereit, sich mit Ihrer ganzen Person für die Kranken, Einsamen, Verstoßenen, Leidenden und Armen in besonderem Maß einzusetzen?

5. Zu Ihrem Auftrag gehört die Liturgie: Sind Sie bereit, Gottesdienste der Gemeinde zur Ehre Gottes und zum Heil der Menschen mitzufeiern, mitzugestalten und zu leiten?

6. Ihren Auftrag in unserer Bistumskirche erfüllen Sie unter der Leitung des Diözesanbischofs. Deshalb frage ich Sie: Versprechen Sie, mit dem Diözesanbischof und seinen Nachfolgern in Mitverantwortung für die Kirche im Bistum Basel solidarisch zu sein und mit ihm und seinen Nachfolgern in echtem Dialog und loyalem Gehorsam verbunden zu bleiben?

18. b *Befragung der Partnerinnen* (Weihbischof)

Ich bitte nun die Ehepartnerinnen hervorzutreten.
(Die 3 Frauen stellen sich nun neben ihre Ehemänner).

Kirchlicher Dienst ist immer eingebettet in die Gemeinschaft der Glaubenden. Ohne dieses Miteinander ist ein Leben nach dem Evangelium in unserer Kirche unmöglich. Darum frage ich Sie als Ehepartnerinnen:
Sind Sie bereit, selber Ihre christliche Berufung zu leben und in Solidarität die kirchliche Aufgabe Ihres Lebenspartners mitzutragen?

Partnerinnen: Ich bin bereit.

18. c *Befragung der Gemeinde* (Weihbischof)

Zur Gemeinschaft der Glaubenden gehören nicht nur die Ehepartnerinnen, sondern auch Sie alle, Verwandte, Bekannte, Freunde und Freundinnen, Vertreter und Vertreterinnen aus den Pfarreien der Seelsorgerinnen und Seelsorger. Darum frage ich Sie:

Wollen Sie mit Ihrem Einsatz für eine lebendige Gemeinde die kirchlichen Mitarbeiter und Mitarbeiterinnen, die ich heute in den dauernden Dienst aufnehmen darf, begleiten und unterstützen? Falls Sie damit einverstanden sind, bitte ich Sie, dies mit einem Applaus zu bestätigen.

Gemeinde applaudiert

19. *Bereitschaftserklärung und Indienstnahme* (Weihbischof)

Im Namen des Diözesanbischofs und seiner Nachfolger verspreche ich, Sie in den dauernden Dienst der Diözese Basel aufzunehmen. Entsprechend den Notwendigkeiten an pastoralen Aufgaben im Bistum ist der Bischof auch bereit, für Sie eine Stelle zu suchen, die Ihre Erfahrungen und Fähigkeiten berücksichtigt.

Liebe Seelsorger, liebe Seelsorgerin,
Nachdem wir alle unsere Bereitschaft bezeugt haben, nehme ich Sie auf in den dauernden Dienst als Seelsorger und Seelsorgerin im Bistum Basel. Gott begleite Ihr Wirken mit seinem Segen:
+ Im Namen des Vaters, des Sohnes und des Heiligen Geistes.

20. *Zeichen der Institutio*

Der Weihbischof und die beauftragten Seelsorger und die beauftragte Seelsorgerin gehen in der Institutio ein gegenseitiges Verhältnis ein. Dieses Verhältnis bringen sie nun in einem einfachen Zeichen zum Ausdruck: Sie stellen sich in einem Kreis auf und bilden so eine Gemeinschaft; es ist die Gemeinschaft der hauptamtlichen Seelsorger und Seelsorgerinnen eines Bistums – verbunden mit ihrem Bischof. Diesen Kreis bilden sie um den Altar herum, weil in ihrem Zentrum immer Jesus Christus stehen soll; er ist Anfang und Ende von allem. Zum Zeichen der Verbindlichkeit in dieser Gemeinschaft reichen sie sich die Hände. Um die Dauerhaftigkeit ihres Verhältnisses auszudrücken, bleiben sie nun einige Momente still stehen.

Dieses Versprechen ist immer ein Wagnis. Wir wollen nun für sie und ihre Aufgabe beten und den Geist Gottes bitten, ihnen beizustehen. Der Chor drückt dies aus mit der Bitte um das Kommen des Heiligen Geistes: Veni Sancte Spiritus!

21. Heilig-Geist-Lied. – 22. Credo – 23. Fürbitten – 24. Überleitung zur Eucharistiefeier

IV. EUCHARISTIEFEIER

25. Opfereinzug/Kollekte – 26. Gabenbereitung – 27. Gabengebet – 28. Präfation – 29. Sanctus – 30. Hochgebet – 31. Vater unser – 32. Friedensgruß – 33. Brotbrechung, Agnus Dei – 34. Kommunion – 35. Schlußgebet

V. MISSIO CANONICA

36. *Einführung in die Missio canonica:*

Jeder Gottesdienst endet mit einer Aussendung.
Es folgt jetzt eine besondere Aussendung: Alle Pastoralassistentinnen und Pastoralassistenten werden durch den Weihbischof an ihren ersten Wirkungsort ausgesendet. Der Ort wurde gemeinsam vom Bischof, dem jeweiligen Pastoralassistenten oder Pastoralassistentin und den betreffenden Gemeinden gesucht und bestimmt.

Der Weihbischof verkündet nun vor der versammelten Gemeinde diese Orte und beauftragt diese Männer und Frauen, an diesen Orten im Auftrag der Kirche zu wirken. Diese Beauftragung heißt ‚Missio canonica'.

Die Kandidatinnen und Kandidaten, die nicht die Institutio eingegangen sind, bezeugen zunächst ihre Bereitschaft für diesen zeitlich begrenzten Dienst.

37. *Befragung zur Missio* (Weihbischof)

Sind Sie bereit, an dem Ort, an den ich Sie aussenden werde, die Frohe Botschaft Jesu Christi selbst zu leben und zu verkündigen, sie in gelebter Liebe weiterzuschenken und im Gottesdienst zu feiern – in loyaler Gemeinschaft mit der Kirche und mit dem Bischof?

Kandidat(inn)en: Ich bin bereit.

Ich danke Ihnen für Ihre Bereitschaft, für eine noch unbestimmte Zeit in den Dienst des Bistums zu treten. Zusammen mit Ihren Kollegen und Ihrer Kollegin, die sich mit der Institutio für immer dem Bistum zugehörig bezeichnet haben, werden Sie nun in die Pfarreien ausgesendet.

Wir wollen den Geist Gottes bitten, Sie in diese Aufgaben hinein zu begleiten.

38. *Lied zum Dienst im Auftrag Jesu*

39. *Missio canonica*

39.a *Aufrufung der Kandidat(inn)en* (Weihbischof)

„Herr/Frau NN"

39. b *Sendung* (Weihbischof)

„Ich sende Sie als Pastoralassistenten/in nach (Ort) in die Pfarrei (Pfarreiname)."

39. c *Person aus Pfarrei holt Kandidaten/in ab.* –

Der/die Kandidat/in und die Person aus der Pfarrei stellen sich unterhalb des Altarraums an die Stufen.

VI. ENTLASSUNG

40. Mitteilungen, Dank – 41. Schlußlied – 42. Segen und Entlassung

Anhang 2

BEAUFTRAGUNGSFEIER

für die Pastoralassistentinnen und Pastoralassistenten des Ausbildungskurses 91/94 am 11. Juni 1994 in Heilbronn-Sontheim

---

I. ERÖFFNUNG

1. Einzug (mit Familien) – 2. Eingangslied – 3. Liturgischer Gruß – 4. Begrüßung – 5. Kyrie und Bußakt – 6. Gloria

II. WORTGOTTESDIENST

7. Tagesgebet – 8. Lesung: Gen 32,23-31 – 9. Zwischengesang – 10. Evangelium: Mk 6,45-52 – 11. Predigt

III. BEAUFTRAGUNG

12. *Aufruf der Pastoralassistent(inn)en* (Ausbildungsleiter)

Verehrter, lieber Herr Bischof!
Vier Frauen und sieben Männer treten heute vor Sie, um sich von Ihnen zum pastoralen Dienst beauftragen zu lassen. Sie haben sich im Anschluß an das Studium der katholischen Theologie drei Jahre lang auf den Dienst als Pastoralreferentinnen und Pastoralreferenten vorbereitet. Ihre Berufseinführung ist nun beendet und mit der Zweiten Dienstprüfung erfolgreich abgeschlossen. Damit haben sie die Voraussetzungen für den Dienst als Pastoralreferentinnen und Pastoralreferenten in unserer Diözese Rottenburg-Stuttgart erworben.

Es sind dies: ... (Personalreferent)

(Nach dem Aufruf treten die Pastoralassistent<inn>en in eine Reihe vor den Bischof)

(Ausbildungsleiter)

Verehrter Herr Bischof,
diese Männer und Frauen sind bereit, den Dienst als Pastoralreferenten und Pastoralreferentinnen in unserer Diözese Rottenburg-Stuttgart zu übernehmen, und bitten Sie, lieber Herr Bischof, heute um Beauftragung und Sendung für diesen pastoralen Dienst.

13. *Glaubensbekenntnis*

(Bischof)

Liebe Schwestern und Brüder!
Zum Abschluß Ihrer Ausbildung beglückwünsche ich Sie von Herzen. Das Fundament Ihres Dienstes ist das Evangelium Jesu Christi im Glauben der Kirche. Sie sind bereit, in den Dienst der Diözese Rottenburg-Stuttgart zu treten. So bitte ich Sie, gemeinsam mit der hier versammelten Gemeinde Ihren Glauben zu bekennen.

Alle: Ich glaube an Gott, ...

14. *Bereitschaftserklärung*

(Bischof) Auf dem Fundament unseres gemeinsamen Glaubens tun Sie Ihren pastoralen Dienst. Ich bitte Sie nun, Ihre Bereitschaft zum Dienst auszusprechen.

(Die Pastoralassistent<inn>en)
Wir sind bereit,
Gottes Wort gemäß dem Evangelium und dem Auftrag
der Kirche zu leben und zu verkündigen,
den Dienst an den Menschen in Liebe zu tun,
ihrem Glauben und dem Leben der Gemeinden zu dienen,
im Auftrag des Bischofs mit den Priestern
und den anderen Mitarbeiterinnen und Mitarbeitern
in der Kirche einmütig zusammenzuarbeiten,
um so Zeugnis zu geben von unserem Herrn Jesus
Christus zum Heil der Menschen.

15. *Beauftragung*

(Bischof) Ich danke Ihnen für Ihre Bereitschaft, einen pastoralen Dienst in unserer Diözese zu übernehmen. So sende ich Sie als Pastoralreferentinnen und Pastoralreferenten in die Gemeinden und Einrichtungen unserer Diözese und beauftrage Sie für Ihren Dienst:

Verkünden und leben Sie das Evangelium Jesu Christi in Wort und Tat, damit Glaube, Hoffnung und Liebe in den Menschen geweckt und gefestigt werden. Dienen Sie dem Herrn in seiner Kirche mit Freude und Zuversicht.

(Alle treten nun einzeln vor den Bischof. Der beauftragt sie mit Handschlag.)

16. *Gebet des Bischofs*

Lasset uns beten zu Gott, unserem Vater:
Gott, du Hirte aller, die an dich glauben!
In deiner Liebe führst du die Kirche und teilst in ihr die Dienste zu.
Segne diese Frauen und Männer, die bereit sind, in den Dienst des Evangeliums zu treten. Nimm sie als deine und unsere Mitarbeiterinnen und Mitarbeiter und schenke ihnen die Gaben des Heiligen Geistes. Hilf, daß sie miteinander in Liebe verbunden bleiben, und mache sie fröhlich in der Hoffnung, geduldig in der Bedrängnis und ausdauernd im Gebet. Schenke ihnen Gelassenheit und Zuversicht in der Sorge um dein Reich. Sei mit ihnen auf ihrem Weg, in ihren Freuden und Nöten und laß sie im Glauben und in der Liebe wachsen zum Aufbau der Kirche.
Darum bitten wir dich durch Jesus Christus, unseren Herrn.
Amen.

17. Musikstück – 18. Fürbitten – 19. Kollekte

IV. EUCHARISTIEFEIER

V. ENTLASSUNG

Anhang 3

AUSSAGEN ZUM AUFTRAG DER PASTORALREFERENT(INN)EN

erhoben aus/zitiert nach den Bereitschaftserklärungen[26]

A FORMEN:

1. Frage(n) mit/ohne An-Rede des Bischofs: ‚Sind Sie bereit, ...?'
BSL/B/Gr/K/L/Mz/M/Ms/Ö/Pa/Sp/Tr
2. nur Bereitschaftserklärung Re
3. An-Rede des Bischofs allein, nach Vorstellung der Kandidat(inn)en A
4. An-Rede des Bischofs, Bereitschaftserklärung und -annahme
Aa/Fr/Hi/R-S/W/Wü

B AUSSAGEN:

1. *Loyalität*

Gehorsam, Ehrfurcht, Einheit, Solidarität, Zusammenarbeit, Loyalität, bischöfl. Auftrag BSL/B/Fr/Gr/Hi/K/Li/M/Ms/Pa/R-S/Sp/Tr/W/Wü (Ö)

2. *Martyria*

Verkündigung des Evangeliums/der frohen Botschaft/des Wortes Gottes gemäß dem Evangelium und dem Auftrag der Kirche, in Wort und Tat, Zeugnis geben
Aa/A/Ba/BSL/B/Fr/Gr/Hi/Li/Mz/M/Ö/Pa/R-S/Sp/Tr/W/Wü

3. *Diakonie*

sich für die Überwindung von Ungerechtigkeit und Not/die Kranken, Einsamen ... in besonderem Maß einzusetzen, den Dienst an den Menschen in Liebe zu tun Aa/BSL/Gr/Hi/R/S/Sp/W/Wü

---

[26] Legende: A = Augsburg; Aa = Aachen; Ba = Bamberg; BSL = Basel; B = Berlin; Fr = Freiburg; Gr = Graz; Hi = Hildesheim; Li = Limburg; Mz = Mainz; M = München; Ms = Münster; Ö = Modellritus Österreich; Pa = Passau; Re = Regensburg; R-S = Rottenburg-Stuttgart; Sp = Speyer; Tr = Trier; W = Wien; Wü = Würzburg.

4. *Liturgie*

Gottesdienste der Gemeinde zur Ehre Gottes und zum Heil der Menschen, Mitverantwortung für die Gestaltung der Liturgie, die Kommunion reichen, den Kranken Aa/BSL/Gr/Sp

5. *Lebenszeugnis*

persönliche Nachfolge, Lebenszeugnis, sich selbst dem Geist öffnen, an Gottes Wort ausrichten, ganzes Leben A/Ba/BSL/B/Fr/Gr/Hi/Li/M/Ms/Ö/R-S

6. *Allgemeine Umschreibung des Auftrags*

besonderer Dienst am Glauben des Gottesvolkes A
damit Glaube, Hoffnung und Liebe in den Gemeinden geweckt und gefestigt werden Ba/R-S/Wü
dem Glauben der Menschen und dem Leben der Gemeinden dienen R-S
Dienst an der Gemeinde zu tun Mz
am Aufbau des Volkes Gottes arbeiten W
zum Aufbau des Reiches Gottes (in der Welt von heute) Ba/Hi
am Aufbau der Kirche mitzuwirken BSL
mitarbeiten (mithelfen/mitwirken) am Aufbau der Gemeinde (des Herrn/Christi) K/Li/Ms/Ö/Pa

mitwirken am Wachstum lebendiger Gemeinden Hi

Dienen Sie dem Herrn in seiner Kirche mit Freude und Zuversicht R-S/Wü

7. *Begründungen des Auftrags*

Kontext Charismen (1 Kor 12) BSL
Apostolat, Teilhabe am Auftrag der Kirche Gr
aufgrund Taufe und Firmung und getreu der Berufung (der Kirche?) B
als Getaufte und Gefirmte, teilnehmen am allgemeinen Priestertum aller Gläubigen Hi/K

8. *‚Eigenartige' Umschreibungen des Auftrags*

Zeugnis für Christus in der Kirche und in der Welt Mz
die Aufgaben eines PA zu übernehmen M

9. *Einsatzbereitschaft*

sich mit ganzer Kraft im Dienst des Evangeliums und der Kirche einzusetzen Ms
nach unseren Kräften Re

10. *Besondere Umschreibungen des Auftrags*

mit den Menschen der Gemeinden nach Wegen suchen, wie das Evangelium in Familie und Beruf, Kirche und Gesellschaft gelebt und bezeugt werden kann Aa

dem Herrn in seiner Kirche dienen, dem Volk Gottes ein Vorbild sein und sich in Liebe der Gläubigen annehmen B

für die Menschen dasein, das Leben mit ihnen teilen und Gottes Liebe spürbar werden lassen Fr

im Hören auf den Anruf Jesu Christi – in Übereinstimmung mit der Kirche – in Hinwendung zu den Menschen das Reich Gottes mitaufbauen und die Lebensbereiche der Gesellschaft mitgestalten Re

11. *Eigene Erwähnung des Religionsunterrichts* Ba/Sp/Tr

Anmerkungen:

a. z.T. freie Formulierungen: (Aa/Ba/Os)
b. strenge Gliederung nach Martyria-Diakonia-Liturgia (Aa/BSL/Gr/Sp)
c. Ähnlichkeiten (Abhängigkeiten?): (Hi/Wü/R-S/W?)

Anhang 4

AUSSAGEN ZUM AUFTRAG DER PASTORALREFERENT(INN)EN

erhoben aus/zitiert nach den Segensgebeten des Bischofs[27]

A Entlang der GLIEDERUNG DER GEBETE:

1-5: Aa/A/Gr/Hi/Mz/Ö/Pa/Sp/Tr
1-5 incl. 3*: B/M/R-S/Wü

[27] Legende: A = Augsburg; Aa = Aachen; B = Berlin; Gr = Graz; Hi = Hildesheim; Mz = Mainz; M = München; Ms = Münster; Ö = Modellritus Österreich; Pa = Passau; Re = Regensburg; R-S = Rottenburg-Stuttgart; Sp = Speyer; Tr = Trier.

1. *Anrede*

Gütiger Gott, du Ursprung des Lichtes A/Gr/Mz/Sp/Tr
Gütiger Gott Aa/M/Pa
Allmächtiger Gott B
Gütiger Gott, du Herr und Hirte aller, die an dich glauben Hi/R-S
Herr und Gott Ö

2. *Anamnese*

In Jesus Christus hast du das Wort des Lebens gesprochen, um uns Menschen das Geheimnis deiner Liebe zu enthüllen Aa/A/Mz/Sp/Tr

In deinem eingeborenen Sohn hast du das Wort des Lebens und durch ihn deinen Geist gesandt Gr

In deiner Liebe führst du die Kirche und teilst in ihr die Dienste zu R-S/Wü

In deiner Liebe führst du die Kirche und berufst Menschen in ihren Dienst Hi

Du verteilst die Dienste in deiner Kirche B

Du sorgst für deine Kirche und erfüllst sie mit deinem Leben; du sendest sie in die Welt
und leitest sie M/Pa
und bist mit ihr unterwegs Ö

3. *Segensbitte*

3* *Bitte um Annahme*

4. *Epiklese*

a. *Auftrag:*

Laß sie dein Wort (und deinen Heiligen Geist) in sich aufnehmen (es <allezeit> erwägen) und von ihm geformt werden Aa/A/Gr/Sp/Tr

Erleuchte sie, daß sie dein Wort zu hören vermögen und in sich aufnehmen M/Pa

es (= das Wort) anderen verkünden und dein Erbarmen zu den Menschen tragen M/Pa

Gib, daß sie es (= das Wort) treu und zuverlässig verkünden (und leben) Aa/A/Sp/Tr

dein Wort verkünden und deine Liebe bezeugen Ö

die frohe Botschaft zu den Menschen tragen B/Hi

mithelfen am Aufbau deines Reiches Aa/Gr

zum Aufbau der Kirche — Mz/M/Pa/R-S/Sp/Tr

Arbeit im Dienst am Volk Gottes — B

im Dienst deines Sohnes stehen — Mz

b. *Tugenden*

schenke ihnen die (siebenfältige/vielfältige) Gaben des Heiligen Geistes — B/Hi/M/R-S/Wü

im Glauben und (in der Hoffnung) in der Liebe wachsen — Aa/Gr/Mz/M/Pa/R-S/Sp/Tr

sei mit ihnen auf ihrem Weg, in ihren Freuden und Nöten — Mz/M/R-S

Segne ihre Mühen und Sorgen (ihre Arbeit) und verlaß sie nicht in Enttäuschungen — B/Hi

fröhlich in der Hoffnung, geduldig in der Bedrängnis, ausdauernd im Gebet (Röm 12,12) — M/R-S/Wü

Gelassenheit und Zuversicht in der Sorge um dein Reich — M/R-S

miteinander in Liebe verbunden bleiben — M/R-S/Wü

5. *Doxologie*

B. SONSTIGES

1. *Einladung an die Gemeinde mitzubeten* — außer: B/Hi/Ö
   meist Stille zwischen Einladung und Gebet

2. *Nur Segensformel, kein Gebet* — Ms/Re

3. Ähnlichkeiten (Abhängigkeiten?) — Aa/A/Gr/Sp/Tr
   R-S/M/Wü
   Hi/B

Frieder Schulz

Ämter und Dienste von nichtordinierten Gemeindegliedern

Zur liturgischen Gestaltung der gottesdienstlichen Einführung in der evangelischen Kirche

Die derzeitige Einordnung von Laienämtern[1] in das Verantwortungsgefüge evangelischer Gemeinden und Kirchen läßt sich als Ergebnis einer Entwicklung begreifen, bei der im wesentlichen drei Ordnungsentwürfe aus dem 16., dem 19. und dem 20. Jahrhundert sich vermischt und auf die gegenwärtige Praxis eingewirkt haben. Bemerkenswert für die liturgische Gestaltung ist dabei die prototypische Bedeutung des Ordinationsformulars, das Luther ohne unmittelbaren Anschluß an die Tradition der lateinischen Kirche – also anders als bei Taufe und Messe – neu geschaffen hat.[2]

Indem die gottesdienstliche Einführung in Laienämter dem strukturellen Vorbild der evangelischen Ordinations-Liturgie folgte, kam die positive Wertung dieser Ämter und Dienste unbeschadet ihrer Verschiedenheit zum Ausdruck. Die folgende Darstellung beschränkt sich auf die exemplarischen Haupttypen und verzichtet daher auf differenzierende Einzelheiten.

1. Kollegiale Amtsstruktur: Ein Amt im Modus geteilter Funktionen

Bis zum 19. Jahrhundert wurden in den lutherisch geprägten Reformationskirchen in das „monarchische" Pfarramt oder Aufsichtsamt

---

1 Vgl. dazu: Vom Amt des Laien in Kirche und Theologie. FS G. Krause, Berlin 1982; Art. Laie II und III. TRE 20, 385-393. 393-399 (Lit.); A. Stein, Laienordination, in: ZEvKR 15 (1970), 390-400.

2 WA 38, 423-431; lateinische Fassung 432-433. Dazu vgl. F. Schulz, Luthers liturgische Reformen, in : ALw 25 (1983), 263-266.

(Superintendent, Dekan o.ä.) nur ordinierte Theologen berufen. Auf die geschichtlich bedingte Besonderheit, wonach der Landesherr eines evangelisch gewordenen Territorismus als Laie und „praecipuum membrum ecclesiae" zugleich „summus episcopus" der Kirche seines Landes war (daher die noch heute auf evangelischer Seite übliche Bezeichnung „Landesbischof") und auf die Rolle der Juristen in den Landeskonsistorien kann hier nicht weiter eingegangen werden. Jedenfalls bestand in den Jahrhunderten seit der Reformation, wenn man vom evangelischen Pfarrhaus absieht, kaum ein Unterschied zwischen einer katholischen und einer evangelischen Gemeinde: Beide hatten einen „studierten" und ordinierten Theologen bzw. Priester als Pfarrer und alleinigen Gemeindeleiter. Demgegenüber bildete sich schon im 16. Jahrhundert im oberdeutschen Bereich, sicher auch unter dem Einfluß der dort üblichen genossenschaftlichen Stadtverfassung[3], eine neue Struktur der Gemeindeleitung heraus. Im Rückgriff auf neutestamentliche Vorgaben unterschied der Straßburger Reformator Martin Bucer[4] zwischen der den Presbytern/Ältesten (= Theologen) obliegenden Seel-Sorge und der durch Diakone/Diener (= Laien) wahrgenommenen „Leib-Sorge"[5]. Später übernahm Bucer die altkirchliche Ämter-Trias: Bischof – Presbyter – Diakon[6].

In den von Bucer beeinflußten Kirchenordnungen gab es dann für diese Ämter Einführungs-Liturgien, die in der Benennung und Ausformung zwischen theologischen und Laien-Ämtern keinen Unterschied machten. Die Bezeichnung war gleichermaßen Ordination, Annehmung oder Bestätigung[7]. Von Bucer übernahm auch Calvin die

---

3 Vgl. B. Moeller, Reichsstadt und Reformation, Gütersloh 1962.

4 Vgl. F. Schulz, Ministeria communitatis, in: ALw 27 (1985), 412-424, besonders 418ff.

5 Martin Bucer, Von der wahren Seelsorge 1538, in: M.B., Deutsche Schriften Bd. 7, Gütersloh 1964, 114 und 119.

6 Martin Bucer, De ordinatione legitima o.J., in: M.B., Scripta anglicana, Basel 1577, 237-259.

7 Beispiele: Johannes a Lasco, Forma ac ratio 1550/1555, in: J. a L., Opera ... recensuit A. Kuyper, Amsterdam 1866, 1-283. – Marten Micron, De christlicke Ordinancien...1554, Uitgegeven van W. F. Dankbaar, s'Gravenhage 1956; deutsche Übersetzung 1565 in: EKO 7,2.1, 587 f. – KO Hessen in: EKO 8,189.193.201.207.209.

kollegiale Amtsstruktur. Er sah vier Ämter vor: pasteurs (Predigt) – docteurs (Unterricht) – anciens (Kirchenzucht) – diacres (Armenpflege); die beiden letzten waren Laienämter[8].

Es gab also schon im Reformationsjahrhundert ein Gemeindemodell, bei dem – unbeschadet der besonderen Bedeutung der theologischen Ämter – Laien mit eigenen Aufgaben in die Gemeindeleitung integriert waren.

2. Synodal-presbyterale Gemeinde- und Kirchenverfassung

Im 19. Jahrhundert wurde in Anknüpfung an die in den reformierten Gemeinden des Rheinlandes bewahrte „freikirchliche" Gemeindestruktur[9] und unter Einfluß der politischen Strömungen durch die Rheinisch-Westfälische Kirchenordnung (1835) eine neue Konzeption ins Spiel gebracht: Dem Gemeindepfarrer wurde ein Kollegium von Laien-Ältesten (= „Presbyter")[10] beigegeben. Infolgedessen erschien jetzt in unierten, später auch in lutherischen Agenden erstmals ein Formular für die Einführung von Ältesten[11] In der Regel war diese

[8] Institutio Christianae religionis, Ausgabe 1543, IV: „Tradidimus triplices ministros nobis commendari in scriptura, ita quicquid ministrorum habuit vetus ecclesia, in tres ordines distinxit; nam ex ordine presbyterorum partim eligebantur Pastores et Doctores; reliqua pars censurae morum et correctionibus praeerat. Diaconis commissa erat cura pauperum... (4.1) Presbyteri ex suo numero in singulis civitatibus unum eligebant, cui specialiter dabant titulum episcopi" (4.2).

[9] Die Kirchenagende 1769 für die Reformierten im Herzogtum Berg enthielt neben einer Ordnung für die „Befestigung" und Ordination der Prediger eine gleichartige Ordnung für die „Befestigung der Ältesten, Kirchmeister, Scholarchen und Diakonen" (118-134). Diese Ordnung diente der Preußischen Agende, Regionalausgabe für Rheinland/Westfalen 1834 II, 76-81 als Vorlage zur Liturgie für die Einführung von Ältesten.

[10] Die Bezeichnung „Presbyter" ist hier wieder neutestamentlich verstanden, während sich in der lateinischen Kirche nach dem Übergang stadtbischöflicher Funktionen auf die Presbyter ein „sacerdotales" Verständnis dieses Amtes entwickelte, so daß aus dem „Presbyter" im Deutschen ein „Priester" wurde.

[11] Beispiele: Kirchenbuch Baden 1858, 244-248. – Agende Hannover 1889, 100-102. – Agende Sachsen 1880/1906, 244f. – Agende Preußen 1895 II,

Ordnung in Analogie zu der damals üblichen Einführung eines Gemeindepfarrers als liturgisch umrahmter Rechtsakt gestaltet (Anrede über die Amtspflichtigen, Amtsgelübde mit Handschlag) im Unterschied zu der unter Handauflegung erfolgenden Ordination.

Nach dem 2. Weltkrieg wurden die Ältesten, nicht zuletzt aufgrund der Erfahrungen im Kirchenkampf, über die Beschränkung auf Verwaltungsaufgaben hinaus auch für die geistliche Mitverantwortung in der Gemeindeleitung in Anspruch genommen. Infolgedessen wurde die gottesdienstliche Einführung nunmehr in Analogie zum Ordinationsformular gestaltet. Im Vorhalt hieß es jetzt: „Ihr werdet berufen, zusammen mit dem Pfarrer die Gemeinde zu leiten“[12]. Den Verpflichtungsfragen folgte ein epikletisches Gemeindegebet mit Segnung und Sendung unter fakultativer Handauflegung. Der Handschlag war nicht mehr Begleitgestus zu einem Rechtsakt, sondern wurde am Ende der Handlung als Zeichen der Gemeinschaft zwischen Pfarrer und Ältesten getauscht. Im übergemeindlichen Bereich wurde bei den Laien-Synodalen entsprechend verfahren.

Die zwischen 1930[13] und 1987[14] sich schrittweise vollziehende Umbildung des herkömmlichen Einführungsformulars für Älteste zeigte, daß eine veränderte Konzeption des Ältestenamtes im Gange war. Dabei spielte die inzwischen wirksam gewordene ökumenische Reform der Ordinationsliturgie eine Rolle, die neue Akzente gesetzt hatte: Die Handauflegung, bisher Amtsübertragungsgeste zu einer

---

86-88. – Kirchenbuch Württemberg 1908 II, 277-282. Grundlage dieser Formulare war im wesentlichen die Agende Preußen 1834 (vgl. Anm. 10).

12 Vgl. Grundordnung der Evangelischen Landeskirche in Baden § 52: „Der Pfarrer ist gemeinsam mit den Kirchenältesten für die Vorbereitung, Gestaltung und Leitung des Gottesdienstes im Rahmen der agendarischen Ordnungen verantwortlich.“

13 Die alte Form (mit Gelübde und Handschlag) findet sich noch im Kirchenbuch Baden 1930 II, 208-211; Entwurf Agende I für die Altpreußische Union 1931, 343f. und zuletzt Agende IV VELKD 1964, 93 (als notwendige Absicherung bei Wahlämtern).

14 Die neue Form (epikletisches Gebet mit Handauflegung) zuerst Baden 1971 (Einführung der Kirchenältesten; Vorabdruck zu Agende V), dann Arnoldshainer Formulare. Einführung 1974, 19f. und zuletzt Agende IV VELKD Neubearbeitung 1987, 93f. (Handschlag nur noch gemäß bisheriger Übung zugelassen, sonst neue Form).

rechtserheblichen Vollzugsformel, wurde jetzt Begleitgeste zum epikletischen Ordinationsgebet als Kern der Ordinationshandlung[15]. So konnte bei der Ältesten-Einführung die Engführung des die Loyalität gegenüber der Kirchenverfassung sichernden Ältestengelübdes mit dem gültigmachenden Handschlag wegfallen und durch das übergreifende geistliche Geschehen im epikletischen Gebet mit Handauflegung ersetzt werden.

Man kann also feststellen, daß im 19. Jahrhundert mit dieser Einbeziehung gewählter Laien in die Leitungsverantwortung der Gemeinden und (Landes-)Kirchen die von Bucer im 16. Jahrhundert intendierte kollegiale Amtsstruktur aufgenommen und mit der Einrichtung eines Ältesten-Gremiums in modifizierter Form verwirklicht worden ist.

3. Haupt- und ehrenamtliche Laiendienste als Entfaltung des ordinierten Amtes

Im zweiten Weltkrieg führte die Notlage pfarrerloser Gemeinden – neben der zunehmenden Beteiligung von Frauen – zur Einrichtung von Gottesdiensten mit Lese-Predigten durch Laien-Lektoren, bald auch mit freier Predigt durch entsprechend zugerüstete Predigthelfer/„Prädikanten". Dazu erfolgte eine zeitlich befristete Beauftragung für bestimmte Gemeinden bzw. Bezirke; die Sakramentsspendung ad hoc konnte damit verbunden sein. Das liturgische Formular für die am Dienstort in einem Gemeindegottesdienst stattfindende öffentliche Einführung wurde in Analogie zum Ordinationsformular gestaltet: Vorstellung – Schriftlesungen – Anrede über die zu übernehmenden Aufgaben – Verpflichtungsfrage – epikletisches Gebet – Sendung und Segnung mit Handauflegung[16].

---

[15] Vgl. F. Schulz, Die Ordination als Gemeindegottesdienst, in JLH 23 (1979), 27-31 (Abschnitt VI: Ökumenische Konvergenz).

[16] Extrapolierung und Ausgestaltung der bisherigen Einführung eines Lektors (Agende IV VELKD, Kleine Ausgabe 1951, 105) aufgrund Agende II EKU 1964, 219 („Einführung eines Lektors, Lesepredigers oder eines zum Predigtdienst berufenen Gemeindeglieds/Predigthelfers) im Arnoldshainer Musterformular. Einführung 1974, 32 („Bevollmächtigung zum

In einzelnen Kirchengebieten wurde die Beauftragung von Laienpredigern entsprechend der Bucer'schen Tradition „Ordination" genannt[17]. Darin kam zum Ausdruck, daß das gottesdienstliche Geschehen und seine liturgische Ausformung bei hauptamtlich (auf Lebenszeit) und bei ehrenamtlich (pro loco et tempore) zum Dienst der öffentlichen Verkündigung Berufenen das gleiche ist. Im allgemeinen hat man jedoch auf diesen weit gefaßten Begriff von „Ordination" verzichtet, weil sich mit diesem Begriff nun einmal die Verpflichtung auf Lebenszeit, die Hochschulausbildung, die spezielle Bekenntnisbindung, die besondere Rolle in der Gemeindeleitung, die Verpflichtung zu glaubwürdiger Lebenspraxis und (derzeit noch) die Analogie zum (unkündbaren) Beamtenstatus bei Übernahme einer Pfarrstelle verbindet. Nicht zuletzt sprach für die Beibehaltung des engen, geschichtlich geprägten Ordinationsbegriffs auch die Rücksicht auf den ökumenischen Aspekt.

Eine Besonderheit bei den Laienämtern ist inzwischen die Einrichtung hauptamtlicher Dienste, bei denen Ordination (theologische Examina, Befähigung zum Pfarramt) nicht vorausgesetzt ist. Dazu gehören neben den schon älteren Ämtern der Kirchenmusiker und Diakonissen oder Diakone auch die Dienste der Katecheten und Katechetinnen, der Gemeindediakone und -diakoninnen (früher: Gemeindehelfer und Gemeindehelferinnen), der Sozialarbeiter und Sozialarbeiterinnen u.ä.[18]. Auch für sie wurde eine gottesdienstliche Einführung vorgesehen, die strukturell dem liturgischen Grundmodell der Ordinationsliturgie entspricht. Die „Erst-Einführung" in hauptamtlich ausgeübte Dienste wurde, besonders wenn sie die Ausbildungszeit in eigenen Ausbildungsstätten abschloß, auch „Einsegnung" genannt (z. B. bei Diakonen und Diakonissen). Im Grunde

---

Dienst der öffentlichen Verkündigung im Nebenamt oder Ehrenamt"); danach Agende II/2 EKU 1979, 65-69. Vgl. auch Agende II Kurhessen-Waldeck 1975,75 („Berufung eines Prädikanten" mit dem „Recht der freien Wortverkündigung und der Sakramentsverwaltung"). Die Agende IV VELKD hat kein solches Sonderformular.

17 Evangelische Kirche im Rheinland: „Ordination zum Dienst als Predigthelfer/Laienprediger".

18 In den einschlägigen Agenden finden sich die weiblichen Berufsbezeichnungen für Laienämter (abgesehen von Gemeindehelferin und Diakonisse) erst seit Agende V Baden 1987.

handelte es sich um eine Ordination, die man nur nicht so nennen wollte. So wurde ja auch bis zur endgültigen Eröffnung der Möglichkeit des Frauenpfarramtes anfangs bei Frauen anstatt von Ordination von „Einsegnung" gesprochen[19].

4. Die liturgische Gestalt der Einführungshandlungen

Die beigefügte Synopse soll die durchgängige Abhängigkeit der Einführungsliturgien für Nichtordinierte vom Ordinations-Formular Luthers als dem elementaren Grundmuster verdeutlichen[20] und die daraus resultierende strukturelle Gleichförmigkeit der verschiedenen Handlungen erkennbar machen. Unbeschadet gewisser Unterschiede in der liturgischen Entfaltung zeichnet sich bei allen eine aus folgenden Elementen bestehende Grundstruktur ab: Vorstellung – Schriftlesungen – Anrede (Vorhalt) – Verpflichtungsfrage – epikletisches Gemeindegebet – darauf bezogene Sendungs- und Segensformel mit Handauflegung.

Grundlage der Synopse sind die in einem überregionalen Konsensprozeß erarbeiteten sogenannten Arnoldshainer Formulare[21], die von der Agende II/2 der EKU rezipiert wurden[22]. Die neubearbeitete Agende IV der VELKD[23] stimmt strukturell im wesentlichen damit überein. Als Besonderheit ist hier das den Schriftlesungen vorausgehende Bittlied um den Heiligen Geist und die Eröffnung des epikletischen Gebets durch das Vaterunser zu nennen. Außerdem sind die Formulare für die verschiedenen Dienste nicht so stark aufgefächert

19 „Einsegnung einer Vikarin": Agende IV VELKD, Kleine Ausgabe 1951, 28. Vgl. auch Entwurf Agende I APU 1931, 344: „Einsegnung und Einführung einer Vikarin" („Da das Amt der Vikarin anders geartet ist als das Pfarramt, muß auch die Einsegnung anders gestaltet sein als die Ordination eines Pfarrers").

20 Vgl. auch die auf Luthers Ordinationsformular bezogene Synopse in: Gemeinsame römisch-katholische/evangelisch-lutherische Kommission. Das geistliche Amt in der Kirche, Paderborn/Frankfurt 1981, 59-94.

21 Erschienen in zwei Heften: Ordination, Gütersloh 1972. ²1973. ³1979; Einführung, Gütersloh 1974, jeweils mit ausführlichen Erläuterungen und Begründungen.

22 Bielefeld 1979.

23 Hannover 1987.

wie in der Agende der EKU, die ihrerseits als Besonderheit ein eigenes Formular für die Einführung in den Verkündigungsdienst im Neben- oder Ehrenamt (durch Laien) aufweist[24].

Die folgende Übersicht nennt die Ämter und Dienste von Laien[25], bei denen eine gottesdienstliche Einführung stattfindet bzw., falls der Dienst für die Gemeinde von besonderer Bedeutung ist und der Betroffene es wünscht, stattfinden kann[26]. Eine Vorstellung im Gemeindegottesdienst (mit Fürbitte) ist in allen Fällen vorgesehen. Die Buchstaben beziehen sich auf die beigefügte Synopse.

E Kirchenälteste, Presbyter, Synodale (ehrenamtlich).
F Laien in kirchenleitenden Gremien (ehren- und hauptamtlich).
Männer und Frauen in folgenden Ämtern:
G Gemeindediakon, Religionslehrer, Jugendreferent, Kirchenmusiker (hauptamtlich).
H Sozialpädagoge, Erzieher, Altenpfleger, Küster, Krankenschwester (hauptamtlich) nicht obligatorisch.
I Lektor, Prädikant, Predigthelfer (ehren- und nebenamtlich).
K Religionslehrer (nebenamtlich).

Nach evangelischem Verständnis gründen alle Ämter und Dienste von Ordinierten und Nichtordinierten in der/durch die Taufe geschehenden und durch sie besiegelten Berufung der Gläubigen zum Zeugnis und Dienst in der Welt als Glieder des Gottesvolks als einer königlichen Priesterschaft (1. Petr.2,9; Apc. 1,6).

---

[24] Auch die Agende V Baden 1987, in der die Arnoldshainer Formulare weitgehend rezipiert wurden, enthält ein besonderes Formular für die „Beauftragung zum Dienst der öffentlichen Verkündigung im Ehrenamt" (113-121).

[25] Die strukturell gleichen Einführungs-Liturgien sind in den Agenden in unterschiedlicher Zahl ausgeformt. Diese Differenzierung hat lediglich praktische Gründe.

[26] „Bei anderen kirchlichen Mitarbeitern ist eine solche Einführung möglich und angebracht, wenn sie ein Amt mit besonderer Verantwortung ausüben, insbesondere wenn ihr Amt sich mit einem Verkündigungs- oder diakonischen Auftrag an die ganze Gemeinde ... wendet. Doch sollte niemand aus diesem Kreis der Mitarbeiter zu einer öffentlichen Einführung im Gottesdienst genötigt werden" (Kirchenbuch Württemberg II, Teilband Einführungen 1985,9).

Die liturgische Gestaltung von: Ordination – Einführung – Beauftragung in der evang. Kirche		Ordinierte				Nichtordinierte							
	Luther Ordination 1537	A	B	C	D	[I]	E	F	G	H	K	L	
		Ordination	Ordination mit Einführung	Einführung in eine Pfarrstelle	Einführung in ein Aufsichtsamt	Beauftragung Prädikant ehrenamtl.	Einführung Kirchen-Älteste	Einführung Synodale	Ersteinführung hauptamtl. Dienste	Einführung hauptamtl. andere Dienste	Beauftragung Religions-unterricht	Vorstellung	
1 Vorstellung (Bekanntgabe der Bekenntnisverpflichtung + Verlesung der Ernennungs-Urkunde)	–	x	x	x	x	x	x	x	x	x	x	x	1
2 Ansprache des Ordinierenden/Einführenden + Gemeindelied	–	x	x	x	x	x	–	–	–	–	–	–	2
3 Glaubensbekenntnis	–	[x]	[x]	x	x	x	–	–	–	–	–	–	3
4 Bittlied um den Heiligen Geist	x	[x]	[x]	x	x	–	[x]	–	–	–	–	–	4
5 Schriftlesungen mit Bezug auf den besonderen Dienst	x	x	x	x	x	x	x	x	x	x	x	–	5
6 Anrede („Vorhalt“) über die Amtspflichten	x	[x]	[x]	–	–	x	x	–	[x]	[x]	x	–	6
7 Verpflichtungsfrage mit Antwort	x	x	x	x	x	x	x	x	x	x	x	–	7
8 Frage an Mitarbeiter/Kirchenälteste mit Antwort	–	–	x	x	x	–	–	–	x	x	–	–	8
9 Vaterunser	x	[x]	[x]	[x]	[x]	–	–	–	[x]	–	–	–	9
10 Epikletisches Gebet für den Ordinanden/den Einzuführenden	x	x	x	x	x	x	x	x	x	x	x	x	10
11 Sendung/Einführung in den Dienst	1.Petr.5,2-4	x	x	x	x	x	x	x	x	x	x	–	11
12 Segnung mit	x	x	x	x	x	x	x	x	x	x	x	–	12
13 Handauflegung, dabei knien	x	x	x	x	[x]	[x]	[x]	[x]	[x]	[x]	[x]	–	13
14 Handauflegung der Assistenten dabei Segensvoten	x	x	x	x	[x]	[x]	[x]	[x]	[x]	x	x	–	14
15 Wort an die Gemeinde	–	–	x	x	x	x	x	x	x	x	x	–	15

Nicht überall vorgesehene oder fakultative liturgische Elemente stehen in eckigen Klammern [ ]

Stefan Knobloch

Der Ritus der Priesterweihe

Pastoraltheologische Anfragen zur liturgischen und theologischen Struktur

Im Rahmen der Fragestellung nach „Ordination – Sendung – Beauftragung" und ihren rechtlichen, liturgischen und theologischen Strukturen darf die Frage nach der Priesterweihe nicht fehlen. Dabei geht es im folgenden nicht darum, den erneuerten Ritus der Priesterweihe, wie er im Pontifikale für die katholischen Bistümer des deutschen Sprachgebiets[1] vorliegt, aus liturgiewissenschaftlicher Perspektive zu würdigen und den Fortschritt gegenüber der Vorlage aus der Apostolischen Konstitution „Pontificalis Romani recognitio" von 1968 aufzuzeigen.[2] Die Perspektive, unter der im folgenden auf den Ritus der Priesterweihe geblickt wird, ist die eines Pastoraltheologen, der „von außen" an das vorliegende „Drehbuch" der Priesterweihe herangeht, ohne je an der Überarbeitung des Ritus beteiligt gewesen zu sein und ohne die möglichen Fortschritte im Detail in der Gestaltung des Ritus von 1994 gegenüber 1968 abschätzen zu können. Auf drei Ebenen soll der Ritus bedacht werden. Zuerst sollen die Strukturelemente der Feier vorgestellt und dabei bereits erste kritische Rückfragen gestellt werden. Danach werden die aus pastoraltheologischer Sicht sich ergebenden Hauptanfragen an den Ritus in einem eigenen Punkt zusammengefaßt, um zuletzt den Ritus der Priesterweihe mit neueren Akzentsetzungen im priesterlichen Dienst zu konfrontieren, die die Frage aufwerfen, ob der Ritus der Priesterweihe nicht ein weiteres Mal überarbeitet werden müßte.

---

1 Pontifikale für die katholischen Bistümer des deutschen Sprachgebiets, I: Die Weihe des Bischofs, der Priester und der Diakone, Trier 1994.

2 Vgl. Liber de ordinatione Diaconi, presbyteri et episcopi. Editio linguae Germanicae, Einsiedeln 1971.

1. Die Strukturelemente der Feier

In dieser Überschrift spiegelt sich bereits ein erster Fortschritt des Ritus der Priesterweihe von 1994 gegenüber 1968 wider. Sprach man früher einfach von der „ordinatio presbyterorum", so wird jetzt das Element der liturgischen *Feier* betont: „Die Weihe der Priester – Die Feier". Folgende Strukturelemente charakterisieren dabei diese Feier: die Vorstellung und Erwählung der Kandidaten, die Homilie des Bischofs, das Versprechen der Weihekandidaten, die Allerheiligenlitanei, Handauflegung und Weihegebet und auslegende Riten (Salbung der Hände, Überreichung von Brot und Wein, Umarmung der Neupriester). Diese Strukturelemente gehören dabei verschiedenen Genera an. Sie sind nicht alle gleichstufig und gleichrangig. Hoher Rang kommt dem Weihegebet zu. Bei ihm setzt deshalb die pastoraltheologische Würdigung des Ritus am besten ein.

1.1 Das Weihegebet

Ich mache mich nicht anheischig, im folgenden der Struktur des Weihegebetes in jeder Hinsicht gerecht zu werden. Ich greife jene Punkte heraus, an denen sich aus pastoraltheologischer Perspektive etwas „spießt". Positiv fällt zunächst auf, daß das Weihegebet mit einem Lobpreis auf Gott beginnt. Damit hat es von vornherein einen anderen Duktus als seine vorausgehende Fassung, die mit einer Bitte begann: „Steh uns bei, Herr, ..." (Liber de ordinatione, 36). Weiter ist positiv zu werten, daß im Pontifikale von 1994 mit dem Gedanken an die Schöpfung begonnen und erst dann vom priesterlichen Volk Gottes gesprochen wird. Im „Liber de ordinatione" war das umgekehrt. Auch war dort nicht vom „priesterlichen Volk", sondern von der „Ordnung der Kirche" die Rede. Schließlich fällt als positiv auf, daß das Weihegebet gewissermaßen von der Klammer „priesterliches Volk" (am Anfang) und „Gemeinde" bzw. „alle Menschen auf Erden" (gegen Ende) zusammengehalten wird. So jedenfalls lese ich das. Doch dann beginnen die Anfragen.

Eine erste knüpft an folgenden Satz des Weihegebetes an: „Um dir ein priesterliches Volk zu bereiten, erwählst du in der Kraft des Heiligen Geistes Diener deines Sohnes Jesus Christus und ordnest ihren Dienst in den geistlichen Ämtern" (Pontifikale, 85). Der Angeredete ist Gott. Er also hat demnach die Kandidaten „erwählt". Daran mag zunächst nichts Besonderes sein. Es ist auch nicht einfach falsch, so zu formulieren. Aber die Frage erhebt sich: Wird hier nicht die „Erwählung" zu einem Ereignis zwischen Gott und dem einzelnen, so daß einer die Erwählung gewissermaßen „mitbringt", sie „hat"? Wo sie doch richtig verstanden nicht sosehr ein Ereignis zwischen Gott und einem einzelnen, als vielmehr ein Ereignis zwischen ihm und dem Volk Gottes ist! Ursprünglich war das (priesterliche) Volk Gottes der Erwählende. Es trug also in der Tendenz zu einer theologisch höchst fraglichen „Überhöhung" des Priestertums bei, daß man hier den erwählenden Gott so deutlich ins Spiel brachte. Wichtiger wäre es demgegenüber gewesen, den erwählenden Gott im Leben jedes Menschen am Werk zu sehen. Doch dazu scheint der theologische Atem nicht zu reichen. Denn eine von jeder Person ausgesagte Erwählung: Wie sollte sie der Gefahr einer nivellierenden Gleichmacherei entgehen können? Theologisch noch bedenklicher aber ist die weitere Aussage des Weihegebetes, Gott habe den Dienst in den geistlichen Ämtern „geordnet". Als habe Gott in Jesus der Gemeinde die Strukturen selbst geschaffen und für alle Zukunft ein für allemal „geordnet". Heute pfeifen es die Spatzen von den Dächern, daß die kirchlichen Strukturen – gewiß unter der Anleitung des Heiligen Geistes – *geschichtlich* entstanden sind. Sie waren und sind in ihrer konkreten Gestalt Wandlungen unterworfen und müssen solchen Wandlungen unterworfen bleiben, damit in der Wandlung ihr Gehalt identisch bleiben kann.

Eine weitere Anfrage ergibt sich aus der Beobachtung, daß das Weihegebet in seiner grammatikalischen wie theologischen Struktur überlastig bischofszentriert ist. Schon im ersten, das Gebet eröffnenden *Wir* ist nicht die Gemeinde, sondern sind die Bischöfe das Satzsubjekt: „*Wir* preisen dich, Herr ..." (Pontifikale, 84). Das wird noch eindeutiger, wenn einige Sätze weiter der Bischof über die Weihekandidaten – in Analogie zum Verhältnis der Apostel zu ihren Gefährten – betet: „So bitten *wir* dich, Herr, unser Gott, schenke auch *uns Bischöfen* solche Gefährten und Helfer, deren *wir* bedürfen in *unserem* apostolischen und priesterlichen Dienste" (Pontifikale, 87). Muß diese überlastige Zentrierung auf den Bischof wirklich sein? In der vorausgehenden Fassung des „Liber de ordinatione" war sie noch nicht so stark. Dort konnte das „Wir" des Weihegebetes noch auf die versammelte Gemeinde bezogen werden. Und nur an einer einzigen Stelle war es auf die Bischöfe zu beziehen (vgl. Liber de ordinatione, 38).

Eine dritte Beobachtung bezieht sich auf die Tatsache, daß gegen Ende des Weihegebetes ein gegenüber der Vorlage von 1968 neuer Passus eingefügt ist, der die drei Ämter des Lehr-, des Priester- und des Hirtenamtes noch einmal ausdrücklich nennt, dabei aber Lehr- und Hirtenamt eher en passant erwähnt, während das eigentliche Interesse auf dem Priesteramt im engeren Sinn liegt: „Mit uns (sc. den Bischöfen) seien sie treue Verwalter deiner heiligen Mysterien: So wird dein Volk durch das Bad der Wiedergeburt erneuert; so wird es genährt an deinem Altar; so werden die Sünder versöhnt, so werden die Kranken gesalbt zu ihrer Heilung" (Pontifikale, 89). Hier wird also das sazerdotale Moment des Priestertums in alle sakramentalen Einzelfacetten entfaltet, wie das vorher nicht der Fall war. Es dürfte ein Abstrahlungseffekt aus eben dieser Tatsache sein, wenn im Zusammenhang dieser Entfaltung der Begriff „Volk" (vgl. Pontifikale, 89) zum Gegenbegriff der Hierarchie wird, Objektcharakter annimmt: Das Volk wird zum „Objekt" des priesterlichen Dienstes der Geweihten. Damit aber ist das Weihegebet dem Begriff des „Volkes Gottes" nach dem Zweiten Vatikanischen Konzil untreu geworden.

1.2 Die Homilie des Bischofs

Die Homilie des Bischofs hat im „Drehbuch" des Ritus der Priesterweihe nicht den gleichen Rang wie das Weihegebet. Von der Homilie heißt es, der Bischof könne sie „mit folgenden oder ähnlichen Worten" halten (vgl. Pontifikale, 75). Gleichwohl bildet sie ein weiteres Strukturelement und verdient insofern Beachtung. Ähnlich wie dem Weihegebet liegt auch der Homilie eine überlastige Zentrierung auf den Bischof zugrunde.[3] Zu Beginn nennt sie das Amt des Priesters ein

---

[3] „Mitarbeiter der Bischöfe aber sind die Presbyter. Sie sind den Bischöfen im priesterlichen Amt verbunden und so zum Dienst am Volk Gottes berufen. ... Christus, dem ewigen Hohenpriester, gleichgestaltet und den Bischöfen als Helfer im Priesteramt verbunden ... Dem Bischof verbunden und ihm gehorsam ..." (Pontifikale, 75-76).

„wichtiges" Amt. Darin rückt sie von der vorausgehenden Formulierung, „hohes" Amt, etwas ab. Das „wichtige" Amt entfaltet sie dann, indem sie die drei Aspekte, das Lehr-, Priester- und Hirtenamt, der Reihe nach darstellt. Wieder ist es so, daß – gemäß PO Art. 2 und Art. 4 – zwar die Teilnahme am Lehramt Christi an erster Stelle steht, das Priesteramt im engeren Sinn aber mit weit größerer Sorgfalt behandelt wird. In ihm gehe es darum, die Menschen zu heiligen. Dies erfolge mit Hilfe der sakramentalen Vollmachten des Priesters: an vorderster Stelle mit Hilfe der Vollmacht zur Feier des eucharistischen Opfers, gefolgt von der Vollmacht zu taufen, der Vollmacht zur Spendung der Buße und der Vollmacht zur Krankensalbung. Bezüglich der Eucharistie hat die Homilie dabei an einer Stelle eine bescheidene Korrektur gegenüber der Vorlage von 1968 vorgenommen. Der Text von 1968 hatte – in fast wörtlicher Anlehnung an PO Art. 2 – gelautet, daß durch den Dienst der Priester „das geistliche Opfer der Gläubigen vollendet (werde) in Einheit mit dem Opfer Christi, das durch eure Hände bei der heiligen Eucharistie unblutig dargebracht wird" (Liber de ordinatione, 30). Danach war der Priester derjenige, der das Opfer darbrachte, nicht aber die Gläubigen. Der Ritus hatte dabei bezeichnenderweise die Ergänzung aus PO Art. 2, „im Namen der ganzen Kirche", weggelassen. Diese Weglassung wurde in der Homilie von 1994 rückgängig gemacht, indem es jetzt heißt: Durch den Dienst der Priester werde das geistliche Opfer der Gläubigen vollendet in Einheit mit dem Opfer Christi, „das durch eure Hände, *zusammen mit den Gläubigen*, bei der heiligen Eucharistie vergegenwärtigt wird" (Pontifikale, 76). Das bedeutet, daß man aus der anschließenden Mahnung, „Erkennt also, was ihr tut", den Hinweis herauslesen kann, daran zu denken, daß sie das Opfer *zusammen mit den Gläubigen* darbringen.

Im Ganzen treten an der Homilie zwei Akzente hervor: einmal die Zentrierung auf den Bischof und zum anderen die – gegenüber den anderen Dimensionen des Priestertums ungleich stärkere – Betonung des sazerdotalen Elementes, ein Akzent, der dadurch noch verstärkt wird, daß die Homilie die Erwählung der Kandidaten nur im Kontext der sakramentalen Vollmacht, nicht aber im Kontext des Lehr- und Hirtenamtes erwähnt.

1.3 Das Versprechen der Weihekandidaten

Die Bereitschaftserklärung der Weihekandidaten, das Priesteramt zu übernehmen, ist nach der Einleitungsformel durch den Bischof zwar „vor der ganzen Gemeinde (zu) bekunden“ (Pontifikale, 77), sie ist aber nicht eine Erklärung gegenüber der Gemeinde, sondern gegenüber dem Bischof. Die gegenüber dem Formular von 1968 geänderte Reihenfolge der Fragen ist aufschlußreich. Obenan steht in beiden Formularen die Frage nach dem Leitungsdienst, also nach dem *Hirtenamt.* Daran schließt sich im Formular von 1994 die Frage nach der Übernahme des Lehramtes an, so daß die Frage nach der Übernahme des Priesteramtes an die dritte Stelle rückt. Dafür wurde sie inhaltlich erweitert: „Seid ihr bereit, die Mysterien Christi, besonders die Sakramente der Eucharistie und der Versöhnung, gemäß der kirchlichen Überlieferung zum Lobe Gottes und zum Heil seines Volkes in gläubiger Ehrfurcht zu feiern?“ (Pontifikale, 78). Die Ergänzung betrifft den Satzteil: „besonders die Sakramente der Eucharistie und der Versöhnung“. Wieder bestätigt sich zum einen das dominante Interesse am sazerdotalen Element des Priesteramtes. Es zieht sich wie ein roter Faden durch das gesamte „Drehbuch“ der Priesterweihe. Zum anderen drückt sich im Verweis auf das Bußsakrament die offensichtliche Sorge um die Zukunft dieses Sakramentes aus. Neu im Kanon der Fragen des Bischofs ist die Frage nach der Bereitschaft der Kandidaten, mit dem Bischof für die Gemeinde zu beten. Diese Frage rangiert noch vor der unverändert gebliebenen Frage, den Armen und Kranken, den Heimatlosen und Notleidenden dienen zu wollen.

Das knappe Ergebnis: Das Strukturelement „Versprechen der Weihekandidaten“ weist zwei elliptische Schwerpunkte auf: die Zentrierung auf den Bischof und auf das sazerdotale Moment des Priestertums. Was das erste anlangt, fällt die Frageform des Bischofs an den einzelnen Weihekandidaten ins Gewicht: „Versprichst du mir und meinen Nachfolgern Ehrfurcht und Gehorsam?“ (Pontifikale, 79). Eine ungewöhnliche Frageform, die dem Sprachempfinden des heutigen Menschen einigermaßen fremd ist. Nicht gleich die Sache selbst, aber die Frageform: „Versprichst du *mir?*“. Es würde sich schon anders ausnehmen, wenn nicht der Bischof selbst, sondern ein anderer diese Frage stellen würde. Das Hauptbedenken aber bleibt davon unberührt: Warum diese Zentrierung auf den Bischof, auf die Hierarchie? Warum wird das Versprechen nicht dem Volk Gottes gegeben, zu dem ja auch der Bischof zählt?

1.4 Ausdeutende Riten

Die ausdeutenden Riten – Salbung der Hände und Überreichung von Brot und Wein – beziehen sich bezeichnenderweise alle auf das Segment des Priesteramtes im engeren Sinn. Lehr- und Hirtenamt sind keiner Ausdeutung, keiner didaktischen Visualisierung wert. So lautet der die Salbung begleitende Text: „Unser Herr Jesus Christus ... stärke dich in deinem Dienst, das Volk Gottes zu heiligen und Gott das Opfer darzubringen“ (Pontifikale, 94). Das „Heiligen“ bezog sich schon in der Homilie ausschließlich auf das sazerdotale Segment des Priestertums. Der zweite ausdeutende Ritus gilt dem eucharistischen Opfer: „Empfange die Gaben des Volkes für die Feier des Opfers ...“ (Pontifikale, 94). Aus diesem Element, das sich leider ausdrücklich auf die Gaben von Brot und Wein beschränkt, hätte mehr gemacht werden können. An dieser Stelle hätte die Verengung auf das sazerdotale Segment im Priestertum und auf die Eucharistie durchbrochen werden können, in dem man den Akzent auf die „Gaben des Volkes“ hätte legen können, so daß darin die diakonische Grundstruktur des Volkes Gottes hätte in Szene gesetzt werden können, an der die Priester eine bleibende Verantwortung tragen.

Auf die anderen Strukturelemente der Feier der Priesterweihe sei hier nicht mehr weiter Bezug genommen. Die kursorische Durchsicht wirft Fragen auf, die nun näher zu erörtern sind.

2. Anfragen an den Ritus aus pastoraltheologischer Sicht

2.1 Der Schwerpunkt auf der sakramentalen Vollmacht

Weihegebet, Homilie und auslegende Riten vermitteln den Eindruck, als handle es sich in der Priesterweihe im Kern um die *Übertragung der sakramentalen Vollmacht*, also um die Übermittlung des Priesteramtes im engeren Sinn. Dem Gewicht nach erscheint die Übermittlung des Lehr- und Hirtenamtes demgegenüber als nachgeordnet. In der Tat galt es ja über viele Jahrhunderte als sicher, daß im Akt der Priesterweihe lediglich die „potestas ordinis", die Vollmacht zu den sakramentalen Akten, übertragen werde. So war es für das Konzil von Florenz klar, daß die Materie des Weihesakramentes „in der Übergabe des Kelches mit Wein und der Patene mit Brot" bestehe, und die Form in den Worten zum Ausdruck komme: „Empfange die Gewalt, das Opfer in der Kirche darzubringen für Lebende und Tote im Namen des Vaters und des Sohnes und des Heiligen Geistes".[4] Lehr- und Hirtenamt wurden demnach als „potestas jurisdictionis" gesondert übertragen. Noch O. Semmelroth hatte in seinem Werk *Das geistliche Amt* die damals allgemein geteilte Meinung vertreten, daß „die Wirkung der sakramentalen Weihe nicht die Mitteilung des Lehr- und Hirtenamtes (sei), sondern nur des im engeren Sinn priesterlichen Amtes, der Aufgabe, den Kultus mit dem eucharistischen Opfer als seiner Mitte zu vollziehen. Das Lehr- und Hirtenamt wird nicht durch Weihen, sondern durch die Sendung mitgeteilt."[5] Von dieser Vorstellung ist das Zweite Vatikanische Konzil abgerückt, indem es in LG Art. 28 erklärte, daß die Priester „kraft des Weihesakramentes" – vi sacramenti ordinis – „zur Verkündigung der Frohbotschaft, zum Hirtendienst an den Gläubigen und zur Feier des Gottesdienstes" bestellt seien. LG Art. 28 bindet also alle drei Ämter unmittelbar an das Weihesakrament, die Feier des Gottesdienstes nicht anders als die Verkündigung und den Hirtendienst. Diese ämtertheologische Neuorientierung findet im erneuerten Ritus der Priesterweihe keine Entsprechung. Das „Drehbuch" ist nach wie vor so angelegt, als gelte immer noch die Vorgabe von früher.

2.2 Mitarbeiter des Bischofs, nicht der Gemeinde?

An mindestens elf Stellen wird im Verlauf des Ritus die *enge Beziehung der Weihekandidaten bzw. der Neugeweihten zum Bischof* betont. Sie sollten seine „Helfer" bzw. „zuverlässige Mitarbeiter" sein, sie seien mit ihm „verbunden", seien seine „Gefährten". Am

---

[4] Neuner, Josef, Roos, Heinrich, Der Glaube der Kirche in den Urkunden der Lehrverkündigung, Regensburg 1986, Nr. 705.

[5] Semmelroth, Otto, Das geistliche Amt, Frankfurt 1958, 310.

deutlichsten wird dieser Bezug im Gehorsamsversprechen. Man hat zu Recht vermutet, daß sich hier „die thematische Konzentration des Konzils auf die Aufgaben der Bischöfe“[6] ungehemmt im Ritus der Priesterweihe fortgesetzt hat. Das aber kann pastoraltheologisch nicht befriedigen. Es ist nicht gut, wenn die Neugeweihten eher aus der Nähe zum Bischof als aus der Nähe zu den Gemeinden definiert werden. Man sollte nie vergessen, daß der altkirchliche Verweis auf den Bischof als Vorsteher der Gemeinde *der Gemeinde* und nicht dem Bischof galt. In ihm wurde seine Funktion für die Gemeinde betont. Die Helfer an seiner Seite dienten der *Gemeinde*. Wenn man von da aus in vermeintlicher Rückbindung an die altkirchlichen Verhältnisse – wie dies der Ritus tut – den Neupriester heute als Helfer des Bischofs einstuft, bleibt das Entscheidende auf der Strecke: sein, des Neupriesters, Bezug zur Gemeinde. Er bleibt deshalb auf der Strecke, weil dieser Bezug vorher schon – und das ist kein Vorwurf an den einzelnen Bischof – beim Bischof einer heutigen Großdiözese längst auf der Strecke geblieben ist. Wenn das aber so ist, schafft die im Ritus permanent betonte Nähe der Neugeweihten zum Bischof so etwas wie eine gemeinsame Distanz beider zu den Gemeinden. Das ist der Grund, weshalb es dringend geboten wäre, im „Drehbuch“ der Priesterweihe alle Bezüge zum Bischof konsequent in Bezüge zum Gottesvolk umzuschreiben. Denn für dieses sollen die Neugeweihten „funktional“ sein. Dies wäre um so wichtiger, als die bestehende Konzentration auf die Übertragung der sakramentalen Vollmachten beim gläubigen Volk ohnehin schon ein Distanzierungspotential zu den Neugeweihten aufbaut, das nur noch zunimmt, wenn dann auch noch deren Nähe zum Bischof, bildlich gesprochen, den basso continuo des Ritus abgibt.

2.3 Presbyterium als Versammlung der sakramental Bevollmächtigten?

Ein weiteres: Verschiedene Texte des Zweiten Vatikanischen Konzils haben den frühkirchlichen Begriff des *Presbyteriums* wieder aufgegriffen und neu ins Bewußtsein zu heben versucht. So PO Art. 7, Art.

[6] Nocke, Franz-Josef, VI. Priesterweihe, in: Schneider, Theodor (Hrsg.), Handbuch der Dogmatik, Düsseldorf 1992, 356.

8, LG Art. 28, AG Art. 19, CD Art. 11, Art. 15, Art. 18. Dem Konzil ging es dabei darum, das geschichtlich verlorengegangene Bewußtsein von der Gemeinschaft der mit dem Bischof für eine Ortskirche Verantwortlichen neu ins Gedächtnis zu rufen.[7] Das Verbindende war also der gemeinsame Auftrag an der Gemeinde. Solange der Begriff des Presbyteriums diesen Fokus hatte, war das alles in Ordnung. Anders ist das, wenn der Begriff des Presbyteriums ausschließlich unter der Hermeneutik des Sazerdotalen des Priesteramtes gelesen wird, so daß das Presbyterium als nichts anderes denn als Repräsentanz dieser sakramentalen Bevollmächtigung erscheint. Gerade die Priesterweihen sind landauf landab ein Anlaß, bei dem sich das *Presbyterium als Versammlung der sakramental Bevollmächtigten* in Gestalt der aus einem ganzen Bistum angereisten Priester dominant in Szene setzt, so daß der für das Presbyterium konstitutive Gemeindebezug vollkommen auf der Strecke bleibt. Wenn dann noch die Vielzahl der versammelten Priester zur Handauflegung der Neugeweihten antritt, koppelt sich das Geschehen spätestens hier endgültig von der feiernden Gemeinde ab. Dann wird etwas auf der Bühne des „Presbyteriums" – diesmal räumlich verstanden – aufgeführt, woran die Gemeinde keinen Anteil hat. Und wieder ist die Szenerie ausschließlich beherrscht von der sakramentalen Vollmacht der Agierenden. An dieser Stelle platzt der Ritus förmlich „aus allen Nähten". Er „zeigt", worum es ihm letztlich geht. Hier wird die „jux celebrandi", die Begeisterung der anwesenden Priester, sich in die unabsehbare Schar der Handauflegungen einzureihen, zur „crux credendi", zum Problem für das Gottesvolk, die eigentliche Zielsetzung des Priestertums noch glaubend zu erfassen.

2.4 Die Erwählung der Kandidaten

Wie um die problematischen Aspekte der Priesterweihe noch zu krönen, kommt als „Sahnehäubchen" noch die Rede von der *Erwählung der Kandidaten* hinzu. Wir haben vorhin schon auf die damit angezeigte Problematik hingewiesen. Dieses Stichwort wirft viele Fragen auf. Welche Erwählung greift hier Platz? Und wer ist ihr Subjekt? Wer erwählt? Gott? Der Bischof? Die Gemeinde? Wenn

---

[7] Vgl. Kommentar zu PO Art. 8.

man in die Geschichte zurückblickt, wird deutlich, daß der neue Akzent auf der unmittelbar von Gott her kommenden persönlichen Erwählung offenbar mit der Tatsache in Zusammenhang stand – was hier Ursache und was hier Wirkung war, läßt sich dabei schwer entscheiden –, daß man ab dem 7./8. Jahrhundert die auslegenden Riten um die Händesalbung und die Übergabe von Kelch und Patene anreicherte. Damit war eine Visualisierung geschaffen, die die Erwählung der Kandidaten bis auf den heutigen Tag auf das semantische Feld ihrer sakramentalen Vollmachten festlegte.

2.5 Der „Wunsch“ der Kandidaten

Nimmt man den Ritus der „Aufnahme unter die Kandidaten für ein Weiheamt“ (vgl. Pontifikale, 261ff.) hinzu, werden die Bedenken noch größer. In der „Feier der Aufnahme“ nämlich wendet sich der Bischof mit den Worten an die Kandidaten, daß jetzt der Zeitpunkt gekommen sei, wo sie aus Liebe zu Christus in der Kraft des Heiligen Geistes öffentlich *den Wunsch* zum Ausdruck brächten, „durch das Weihesakrament in den Dienst Gottes und der Menschen genommen zu werden“ (Pontifikale, 265). Ihr *Wunsch* werde mit Freude entgegengenommen. Berufung und Erwählung erscheinen hiernach als ein Ereignis zwischen Gott und dem einzelnen, als ein Ereignis, das als *Wunsch* des einzelnen vorgängig da ist. Es ist nicht zu übersehen, daß sich darin eine Intimisierung und Privatisierung des Berufungs- und Erwählungsgedankens anzeigt,[8] die der Kirche in ihrer Frühzeit unbekannt war. Damals fungierte die Gemeinde als Subjekt der Berufung bzw. der Erwählung. Das konnte sich in der Praxis dann nicht mehr bewähren, als mit dem zu übernehmenden Amt die ganz persönliche Entscheidung für die Zölibatsverpflichtung verbunden war. Mit der dadurch in Gang gesetzten sehr persönlichen Stilisierung der Berufsentscheidung war etwas Wichtiges in Wegfall gekommen: das ekklesiologische Wissen darum, daß nicht *der Wunsch* des einzelnen, sondern der Wunsch der Gemeinschaft des Gottesvolkes über die Erwählung entschied.

---

[8] Vgl. Legrand, Hervé, Die Gestalt der Ortskirche, in: Eicher, Peter (Hrsg.), Neue Summe Theologie, III: Der Dienst der Gemeinde, Freiburg 1989, 120.

Ein Rest dieser ursprünglichen Praxis ist in der „Feier der Aufnahme“ an der Stelle wiederzuerkennen, an der der Bischof erklärt, *er* habe über die Eignung der Bewerber zu befinden. Ebenso tritt das Gemeinte dort in Erscheinung, wenn gesagt wird, daß nur „jene, die sich bewährt haben“, berufen werden sollen (vgl. Pontifikale, 264). Entsprechend verläßt sich der Bischof in der Feier der Aufnahme auf das Zeugnis der anderen (vgl. Pontifikale, 266). Bei der Priesterweihe selbst hat sich bis heute die bekannte Frage des Bischofs an einen Priester erhalten: „Weißt du, ob sie würdig sind?“ Die Antwort freilich, die darauf gegeben wird, ist längst in mehrfacher Hinsicht zu einer Leerformel geworden: „Das Volk und die Verantwortlichen wurden befragt ...“. Das heißt als erstes, daß das Volk nicht mehr verantwortlich ist in dieser Frage. Und weiter wird diese Frage meist mit den falschen Ohren gehört. Denn sie zielt nicht darauf, ob die Kandidaten „würdig“ sind – was immer das heißen soll –, sondern sie zielt darauf, ob sie sich „bewährt“ haben. Ob es sich bei ihnen um „viri probati“ handelt. Im Ganzen erweisen sich also die Vokabeln „Erwählung“ und „Wunsch“ als nicht unbedenkliche Vokabeln.

In der Summe rankt sich um die aufgezeigten Stichworte der Übertragung der sakramentalen Vollmachten, der engen Beziehung der Neugeweihten zum Bischof, des Presbyteriums als Versammlung der sakramental Bevollmächtigten und der Erwählung und des Wunsches der Kandidaten eine Menge von Problemen, über die das „Drehbuch“ des Ritus mit großer Nonchalance hinwegsieht. Das ist aber noch nicht alles. Hinzu kommt, daß in der theologischen Diskussion das Lehr- und Hirtenamt längst eine Wertschätzung finden, über die sich der Ritus nicht im Klaren zu sein scheint.

3. Die neue Bedeutung des Lehr- und des Hirtenamtes

3.1 Die Bedeutung des Lehramtes

Das Zweite Vatikanische Konzil hat innerhalb der priesterlichen Aufgaben – ohne sich mit ihnen auch nur annähernd so intensiv beschäftigt zu haben wie mit dem Bischofsamt – das Lehr- und Hirtenamt deutlicher als bisher herausgestellt und damit das Zueinander der drei Ämter zu klären versucht. Dabei ging es nicht um das theologische „Glasperlenspiel“, die Beziehungen der Ämter theologisch ausgewogener zu gestalten. Die treibende Kraft war die Überzeugung, daß das Priestertum seine klare Kontur aus seiner Verantwortung für den Aufbau des Volkes Gottes gewinnt. Im Blick darauf stellte PO Art. 4 die Bedeutung des Lehramtes des Priesters heraus: „Die erste Aufgabe der Priester als Mitarbeiter der Bischöfe (sei), allen die frohe Botschaft Gottes zu verkünden.“ Von der Verkündigung wird hier als der *ersten* Aufgabe gesprochen. Das heißt nicht, daß sie die unterste und in dem Sinn die erste Stufe auf der Skala zu höherwertigen Aufgaben wäre, so daß sich der eigentliche Dienst des Priesters erst in den höherwertigen Aufgaben erwiese. Vom „primum officium“ spricht PO Art. 4 und macht darin deutlich, daß ihm höchste Aufmerksamkeit zu schenken sei. Dabei reiche es nicht aus, „die frohe Botschaft auszurichten“. Dies könne vielmehr erst dann behauptet werden, wenn es gelingt, „die ewige Wahrheit des Evangeliums auf die konkreten Lebensverhältnisse an(zu)wenden.“ Derjenige, der in der Verkündigung steht, muß also nicht nur vom Evangelium, sondern auch von den heutigen gesellschaftlich vermittelten Lebenslagen eine Ahnung haben, er muß ein Zeitgenosse sein. Damit ist in der Tat eine schwierige Aufgabe benannt, die im „Drehbuch“ der Priesterweihe keine entsprechende Würdigung findet. Müßten nicht die auslegenden Riten um Elemente ergänzt werden, in denen die Bedeutung des Lehramtes visualisiert würde? Gewiß wurde das Evangeliar bereits bei der Diakonenweihe überreicht. Aber es fragt sich, ob das „Drehbuch“ nicht vorsehen sollte, dem Lehramt im Ritus der Priesterweihe dadurch mehr Gewicht zu verleihen, – „primum officium“ –, daß dem Neupriester noch einmal das Evangeliar übereicht wird, und zwar zusammen mit einem profanen zeitgenössischen Text, so daß die Aufgabe der Vermittlung beider Bereiche – der Botschaft und der konkreten Lebensverhältnisse – den Teilnehmenden augenscheinlich gemacht würde? Dafür könnte an der Überakzentuierung der sazerdotalen Vollmachten einiges wegretuschiert werden.

3.2 Die Bedeutung des Hirtenamtes

Das andere Element innerhalb der priesterlichen Aufgaben liegt im Hirtenamt, heute eher Leitungsdienst genannt. „Die Priester üben entsprechend ihrem Anteil an der Vollmacht das Amt Christi, des Hauptes und *Hirten* aus" (PO Art.6). Worin dieses Amt besteht, entfaltet PO Art.6 auf feinfühlige Weise: Die Priester sollen den Gläubigen „mit echter Menschlichkeit begegnen". Sie sollen zur Entfaltung der persönlichen Berufung des einzelnen beitragen, sie sollen sie befähigen zu entdecken, „was Gott von ihnen will". Sie sollen sich der Jugend, der Eheleute annehmen, „vor allem" (peculiari modo), „am meisten" (maxime) aber sollen sie um die Armen und Geringen, die Kranken und Sterbenden besorgt sein". Diese Sätze machen deutlich, daß das *Hirtenamt* bzw. der *Leitungsdienst* die Basis des gesamten priesterlichen Dienstes ausmacht. Wenn mit Recht darauf verwiesen wird,[9] daß aus ekklesiologischen Gründen für das Amt das *Gegenüber* zur Gemeinde konstitutiv ist, daß es sich aus diesem Gegenüber definiert, so muß man verdeutlichend sagen, daß sich dieses Gegenüber vor allem im *Hirtenamt* ausdrücken will und nicht in erster Linie im Bereich der sazerdotalen Vollmacht des Priesters. Als *Hirten* symbolisieren die Priester auf strukturelle Weise – freilich in nicht mehr ganz klarer Abgrenzung zu ihrer Lehramtsrolle – das Vorgängige der Botschaft des Evangeliums gegenüber dem Volk Gottes, das sich ja nicht selbst ins Dasein gesetzt hat, sondern sich der vorgängigen Botschaft Gottes, auf die hin es gläubig geworden ist, verdankt. Bei dieser Lage der Dinge erweist sich die Fixierung auf die sazerdotalen Vollmachten des Priesters als theologisch bedenklich und als dem Verständnis und vor allem dem Selbstverständnis der Priester abträglich.

In der Tat figuriert – wie z.B. W. Kasper in seinem vor der Frühjahrsvollversammlung der deutschen Bischöfe 1994 gehaltenen Referat, „Der Leitungsdienst in der Gemeinde", aufgewiesen hat – der „Dienst der Leitung"[10], das Charisma der Kyberneseos nach 1 Kor 12,28, als übergeordneter Begriff, der „den dreifachen Dienst der Verkündigung (martyria), der Feier der Sakramente (leiturgia) und den brüderlichen Dienst (diakonia)"[11] in sich schließt. Das ist von weitreichender Konsequenz. O. Semmelroth hatte noch formuliert,

---

[9] Vgl. Kehl, Medard, Die Kirche. Eine katholische Ekklesiologie, Würzburg 1992, 111-117.

[10] Der Leitungsdienst in der Gemeinde, in: Sekretariat der Deutschen Bischofskonferenz (Hg.), Arbeitshilfen 118, Bonn 1994, 9.

[11] Ebd., 9.

daß Leitung und Verkündigung eine „sinngemäße Ergänzung der sakramentalen Weihe"[12] seien. Heute aber sieht man deutlicher, daß der Priester – sehr pointiert gesagt – *aufgrund seines Hirtenamtes* das Priesteramt im engeren Sinn innehat. So konnte W. Kasper schon vor mehr als zwanzig Jahren schreiben, daß das spezifische Charisma des Amtes das Charisma der Leitung sei[13], eine Sicht der Dinge, die die deutschen Bischöfe in ihrem Schreiben über den priesterlichen Dienst übernahmen, indem sie den priesterlichen Dienst als *Hirtendienst* betitelten.[14] Freilich haben sie inzwischen in ihrem Schreiben vom September 1995 „Der pastorale Dienst in der Pfarrgemeinde"[15] ihre Sicht zu Ungunsten des Hirtenamtes wieder relativiert.

Gleichwohl, wenn man sich das Schreiben der Bischöfe von 1994 zu eigen macht und damit ihre damalige Gewichtung auf dem Leitungsdienst: Wurde diese Gewichtung nicht damals schon relativiert durch den Hinweis, daß der „Dienst der Einheit" – ein anderes Wort für den Hirten- bzw. Leitungsdienst – als „unlösbar mit dem Vorsitz bei der Eucharistie verbunden"[16] sei? Sprach daraus letztlich wieder die alte Fixierung auf die sakramentalen Vollmachten des Priesters, hier in der Form der Reklamation auf den Vorsitz der Eucharistiefeier? Und konnte nicht wie zur Bestätigung auf LG Art. 28 verwiesen werden, wo gesagt ist, daß die Priester ihr heiliges Amt „am meisten" (maxime) in der eucharistischen Feier ausübten? „Am meisten" – bleibt da nicht alles beim alten, weshalb auch das „Drehbuch" der Priesterweihe so eindeutig das Priesteramt im engeren Sinn betont? So daß das „maxime" aus LG Art. 28 dann eben doch ein ganz anders Gewicht hätte als das „maxime" von PO Art. 6?

Die Antwort darauf ist relativ einfach. Man muß nur die Feinmechanik der Argumentation im Auge behalten, die der Begründung des Vorsitzes bei der Eucharistiefeier zugrundeliegt. PO Art. 14 formuliert die Begründung so: „Die *Hirtenliebe* erwächst am stärk-

---

[12] Semmelroth, Otto, Das geistliche Amt, 310.

[13] Vgl. Kasper, Walter, Glaube und Geschichte, Mainz 1970, 359.

[14] Vgl. Schreiben der deutschen Bischöfe über den priesterlichen Dienst, in: Sekretariat der Deutschen Bischofskonferenz (Hg.), Die deutschen Bischöfe 49, Bonn 1992, 18.

[15] Vgl. Der pastorale Dienst in der Pfarrgemeinde, in: Sekretariat der Deutschen Bischofskonferenz (Hg.), Die deutschen Bischöfe 54, Bonn 1995.

[16] Der Leitungsdienst in der Gemeinde, 9.

sten aus dem eucharistischen Opfer." Wenn ich es richtig lese, fokussiert also diese Aussage im *Hirtendienst*, im Dienst an der Einheit. Man kann auch sagen, im Dienst am Aufbau der Gemeinde, und damit genau nicht in einer auf die Person des Priesters bezogenen singulären Eucharistievollmacht. Der Eucharistievorsitz ist in der Tat als *Dienst an der Einheit* „die vornehmliche Aufgabe des Priesters"[17]. Oder, wie W. Kasper es formulierte: „Die Einheit der Kirche realisiert sich am konkretesten und dichtesten in der Einheit der Eucharistiefeier. Sie ist in besonderer Weise Zeichen der Einheit (1 Kor 10,17). Deshalb steht auch dem Amt *als Dienst an der Einheit* der Vorsitz in der Eucharistiefeier zu."[18]

Diese Logik wird verletzt, wenn man dem Priester ein „Priestertum" zuschreibt, das sozusagen jenseits und über seinem Hirtendienst angesiedelt wäre. „Man steht der Kirche nicht vor, weil man ein ‚Priestertum' empfangen hat. Man empfängt vielmehr den Auftrag, auch den Sakramenten vorzustehen, weil man beauftragt wurde, den Aufbau der Kirche ... zu leiten."[19] Im Ritus der Priesterweihe freilich ist diese Gewichtung des Hirtenamtes kaum zu erkennen. Das „Drehbuch" versteckt die Elemente, die für diese Gewichtung des Hirtenamtes in Frage kämen. So bleibt im ganzen Ablauf ziemlich unbeachtet, daß – in Anlehnung an PO Art. 6 – die Stichworte, sich der Bedrängten und Armen anzunehmen, den Armen und Kranken beizustehen und den Heimatlosen und Notleidenden zu helfen, überhaupt fallen. Dabei bringen sie, was meist übersehen wird, exakt auf den Punkt, was „Leitungsamt" bedeutet. Leitungsamt zielt nämlich zuvorderst eben auf die Armen und Bedrängten, auf die Heimatlosen und Notleidenden. Wie kann solches behauptet werden? Ist es theologisch gerechtfertigt, solches zu behaupten? Ein – hier allerdings viel zu knapper – Blick auf das Auftreten Jesu bestätigt unsere These. Er war als „Guter Hirte" einer, der sich von den Leuten, zumal von den Armen und Kranken, von den Entrechteten und im Leben zu kurz Gekommenen, in Beschlag nehmen ließ. Die Betroffenen verstanden sofort, worum es Jesus ging: um sie und ihr Leben. Wenn sie damit die Botschaft Jesu auch noch nicht gleich bis in letzte Tiefe verstan-

[17] PO Art. 13.

[18] Kasper, Walter, Glaube und Geschichte, 364.

[19] Legrand, Hervé, Die Gestalt der Ortskirche, 136.

den, das Wesentliche hatten sie damit erfaßt. Es war etwas anders, es war neu, wie er mit den Leuten umging. Er erwies sich als „Guter Hirte“ und legte dann die gute Erfahrung mit ihm in seinen Worten aus. Vor diesem Hintergrund versteht man gut, warum sich die Leute erstaunt fragten: „Was hat das alles zu bedeuten? Hier wird mit Vollmacht eine ganz neue Lehre verkündet“ (Mk 1,27).

Wenn man diese Vorgabe Jesu auf das Volk Gottes übertragt, so führt das zur These D. Bonhoeffers, die in manchen Ohren bis heute anstößig und unorthodox klingt: „Die Kirche ist nur Kirche, wenn sie für andere da ist.“[20] Diese Devise gilt aber nicht nur für die „unteren Chargen“ des Volkes Gottes, sie gilt als Strukturgesetz vor allem auch des priesterlichen Amtes. Der Hirtendienst ist – als Dienst an der Einheit – ein diakonischer Dienst zuallererst an denen, die ihr Dasein auf der Schattenseite des Lebens fristen, die ohne rechte Perspektiven sind und oft nicht wissen, wie sie den nächsten Tag bestreiten sollen. Von daher wird noch einmal deutlich, warum der so verstandene Leitungsdienst *vor* dem Lehr- und *vor* dem Priesteramt im engeren Sinn rangiert. Das, was der diakonische Dienst an der Einheit an bergender, tröstender, ermutigender und sich dem Menschen zuwendender Nähe erfahrbar macht, das will dann auch in seinen Tiefenbezügen zu Gott zu Wort gebracht werden (in der martyria des Lehramtes), das will in der Realsymbolik der Sakramente, in der Liturgie, gefeiert werden.

Was heißt das alles für das „Drehbuch“ der Priesterweihe? Der Ritus müßte einen überzeugenderen Akzent auf das Hirtenamt setzen. Vor allem im Weihegebet, aber auch in der Homilie, ebenso in der Bereitschaftserklärung der Kandidaten und nicht zuletzt im Bereich der ausdeutenden Riten. Gerade im Bereich der ausdeutenden Riten müßten Gesten vorkommen, die die Fixierung auf das Sazerdotale auflösen und an seiner Stelle den Blick auf das diakonische Leitungsamt lenken. Wäre es denkbar, daß man sich symbolische Gesten ausdenkt, die an den quasisakramentalen Ritus der Fußwaschung der Gründonnerstagsliturgie erinnern? An Gesten, die mit konkreten Menschen zu tun haben? Die man an konkreten Menschen vollzieht? Nur wie, ohne daß so eine angedachte Geste ins

---

[20] Bonhoeffer, Dietrich, Widerstand und Ergebung. Briefe und Aufzeichnungen aus der Haft, München 1970, 415.

Voyeuristische und Prostituierende abgleitet? Wie wäre es, wenn – ich zögere, weil mir bewußt wird, wie weit kirchlich-liturgische Gesten faktisch von den realen Lebensproblemen der Menschen abgekoppelt sind – wie wäre es gleichwohl, wenn Obdachlose, Langzeitarbeitslose, Asylanten und andere sozial Ausgegrenzte im Rahmen der ausdeutenden Riten äußern dürften, was *sie* sich von den Neupriestern erwarten? Wie wäre es, wenn sie an die Seite der Neugeweihten träten, um sichtbar zu machen, wofür diese zuallererst da sind? „Abusus non tollit usum": Noch ist das alles andere als ein vom „Drehbuch" der Priesterweihe vorgesehener Usus. Und der Abusus scheint auch zu nahe zu liegen, so daß man den Gedanken an einen solchen Usus weit von sich weisen möchte. Die Sache ist heikel. Aber ob sich in der Abwehr eines solchen angedachten neuen Elementes im Bereich der ausdeutenden Riten nicht eher die Verweigerung anzeigt, für den Priester jene Nähe zum Menschen zu reklamieren, die dem Hohenpriester Jesus Christus zu eigen war?

August Jilek

Der *eine* Dienst in der *Vielfalt* seiner Formen

Ein liturgiewissenschaftlicher Beitrag zu den Formen des pastoralen Dienstes und der Feier der Indienstnahme

Einleitung

Im Zuge der nachfolgenden Darlegungen sollen u.a. folgende *Thesen* erhärtet werden:

1) Es gibt in der Kirche nur *einen* hauptamtlichen pastoralen Dienst, diesen jedoch in *dreifacher* Ausformung: als Bischof, Presbyter und Diakon.
2) Die Dienste als Gemeinde- und Pastoralreferentinnen bzw. -referenten sind Formen des Diakonates.
3) Die Kirche überträgt einen pastoralen Dienst, indem sie einen geeigneten Kandidaten wählt und anschließend über dem Gewählten Gott in entsprechender Weise anbetet.
4) Die gottesdienstliche Feier der Indienstnahme von Gemeinde- und Pastoralreferentinnen bzw. -referenten erfolgt in einer Weise bzw. mit Elementen, die auch für die Liturgie der Ordination von Bischöfen, Presbytern und Diakonen typisch sind: Bereitschaftserklärung der Kandidaten zum Dienst und Gebet über den Kandidaten.
5) Die Zulassung von Frauen zum Diakonat braucht nicht mehr gefordert zu werden: Sie ist längst kirchliche Wirklichkeit.

Hinweise zur Begrifflichkeit

Statt „Priester“ und „priesterlich“ werden im folgenden vornehmlich die Bezeichnungen „Presbyter“ und „presbyteral“ gebraucht. Dies geschieht mit Bedacht und soll daran erinnern: Wo man es gewohnt ist, in der Differenzierung zwischen den drei überkommenen Formen des hauptamtlichen pastoralen Dienstes (Bischof, Presbyter, Diakone) einfachhin vom „Priester“ zu sprechen, ist – recht besehen – in aller Regel nämlich nicht irgendein Priester gemeint, sondern in erster Linie der Pfarrer.[1]

Sofern im folgenden von Gemeinde- und Pastoralassistentinnen bzw. – referentinnen sowie von Lektorinnen und Kommunionhelferinnen gesprochen wird, ist immer vorausgesetzt, daß die jeweiligen Aussagen selbstverständlich ohne jegliche Unterschiede auch für Männer in den betreffenden Dienstformen gelten.

1. Die Dienste des Bischofs, der Presbyter und der Diakone

1.1 Der *eine* pastorale Dienst in *drei* verschiedenen Ausformungen

In der *Kirchenkonstitution* des *Zweiten Vatikanischen Konzils* heißt es:

> *„Christus, den der Vater geheiligt und in die Welt gesandt hat (Jo 10,36), hat durch seine Apostel deren Nachfolger, die Bischöfe, seiner eigenen Weihe und Sendung teilhaftig gemacht. Diese wiederum haben die Aufgabe ihres Dienstamtes in mehrfacher Abstufung verschiedenen Trägern in der Kirche rechtmäßig weitergegeben. So wird das aus göttlicher Einsetzung kommende kirchliche Dienstamt in verschiedenen Ordnungen ausgeübt von jenen, die schon seit alters Bischöfe, Priester, Diakone heißen“* (LG Art. 28).[2]

---

[1] Die nunmehrige Neuauflage des entsprechenden *deutschsprachigen Faszikels* des *Pontifikale* trägt zwar den Titel *„Die Weihe des Bischofs, der **Priester** und der Diakone“*: Pontifikale I. Handausgabe mit pastoralliturgischen Hinweisen. Hg. von den Liturgischen Instituten Salzburg, Trier, Zürich. Freiburg 1994. – Das gesamtkirchliche Liturgiebuch hingegen formuliert anders, nämlich so: *„De Ordinatione Episcopi, **Presbyterorum** [nicht 'Sacerdotum'!] et Diaconorum“*: Pontificale Romanum ex decrecto Sacrosancti Concilii Vaticani II renovatum auctoritate Pauli PP. VI editum Joannis Pauli PP. II cura recognitum. Ed. typica altera. Vat. 1990 (Hervorhebungen v. Vf.). – Vgl. auch die Hinweise unten Anm. 40.

[2] Abkürzungen hier und im folgenden (sofern nicht anders vermerkt) nach TRE^2 0, ansonsten nach LThK^3.

Fazit

Wir halten fest: In unserer Kirche gibt es nur ***einen*** hauptamtlichen pastoralen Dienst, diesen jedoch in ***dreifacher Ausformung:*** in Gestalt der Dienste als Bischof, als Presbyter und als Diakon.

1.2 Die *jeweilige Besonderheit* der drei Formen des einen Dienstes

Beginnen wir mit dem ***Bischof.*** Von ihm sagen die Konzilsväter:

> *„26. Der Bischof ist, mit der* ***Fülle*** *des Weihesakramentes ausgezeichnet, 'Verwalter der Gnade des höchsten Priestertums'...*
> *Durch den Dienst des* ***Wortes*** *teilen sie [sc. die Bischöfe] die Kraft Gottes den Glaubenden zum Heil mit..., und durch die* ***Sakramente,*** *deren geregelte und fruchtbare Verwaltung sie mit ihrer Autorität ordnen, heiligen sie die Gläubigen. Sie leiten die Taufspendung... Sie sind die erstberufenen Firmspender, sie erteilen die heiligen Weihen und regeln die Bußdisziplin... Schließlich müssen sie ihre Anbefohlenen mit dem* ***Beispiel ihres Lebenswandels*** *voranbringen...*
> *27. Ihnen [sc. den Bischöfen] ist das* ***Hirtenamt*** *...* ***im vollen*** *Umfang anvertraut. Sie sind nicht als Stellvertreter der Bischöfe von Rom zu verstehen ... und heißen in* ***voller Wahrheit Vorsteher des Volkes, das sie leiten...***
> *Der Bischof...[sc. soll für seine Untergebenen] durch* ***Gebet, Predigt*** *und jederlei* ***Liebeswerk*** *Sorge tragen..."* (LG Art. 26 und 27; Hervorhebungen v. Vf.)

Der Dienst der ***Presbyter*** wird so umschrieben:

> *„... Die Priester haben zwar* ***nicht*** *die* ***höchste*** *Stufe der priesterlichen Weihe und hängen in der Ausübung ihrer Gewalt von den Bischöfen ab;* ***dennoch sind sie mit ihnen in der priesterlichen Würde verbunden*** *und ... zur* ***Verkündigung der Frohbotschaft,*** *zum* ***Hirtendienst*** *... und zur* ***Feier des Gottesdienstes*** *geweiht...*
> *Als sorgsame* ***Mitarbeiter,*** *als* ***Hilfe*** *und* ***Organ der Ordnung der Bischöfe*** *bilden die Priester ... in Einheit mit ihrem Bischof ein einziges Presbyterium, das freilich mit unterschiedlichen Aufgaben betraut ist.* ***In den einzelnen örtlichen Gemeinden ... machen sie den Bischof ... gewissermaßen gegenwärtig; sie übernehmen zu ihrem Teil seine Amtsaufgaben und seine Sorge...*** *Unter der Autorität des Bischofs*

> *heiligen und leiten sie den ihnen zugewiesenen Anteil der Herde des Herrn,* ***machen die Gesamtkirche an ihrem Orte sichtbar****... Auf das Wohl der Kinder Gottes allzeit bedacht, sollen sie darüber hinaus bestrebt sein,* ***ihren Anteil beizutragen zur Hirtenarbeit an der ganzen Diözese*** *..."* (LG Art. 28; Hervorhebungen v. Vf.)

Von den ***Diakonen*** schließlich heißt es:

> *„In der Hierarchie eine Stufe tiefer stehen die Diakone, welche* ***die Handauflegung 'nicht zum Priestertum, sondern zur Dienstleistung empfangen'****. ... [sc. sie dienen] dem Volke Gottes in der Diakonie der* ***Liturgie****, des* ***Wortes*** *und der* ***Liebestätigkeit in Gemeinschaft mit dem Bischof und seinem Presbyterium****. Sache des Diakons ist es, je nach Weisung der zuständigen Autorität, feierlich die Taufe zu spenden, die Eucharistie zu verwahren und auszuteilen, der Eheschließung im Namen der Kirche zu assistieren und sie zu segnen, die Wegzehrung den Sterbenden zu überbringen, vor den Gläubigen die Heilige Schrift zu lesen, das Volk zu lehren ..., dem Gottesdienst und dem Gebet der Gläubigen vorzustehen, Sakramentalien zu spenden und den Beerdigungsritus zu leiten ..."* (LG Art. 29; Hervorhebungen v. Vf.)

1.3 Zusammenfassung

Halten wir fest:

1) Bischof, Presbyter und Diakon unterscheiden sich voneinander nicht durch ihre Wirkungsfelder, also nicht durch die Sachbereiche, in denen sie tätig sind. Alle drei sind vielmehr zur Verkündigung des Wortes, zum Dienst in der Liturgie und zur Diakonie bestellt.
2) Bischof, Presbyter und Diakon unterscheiden sich vielmehr dadurch, wie die Kompetenz bemessen bzw. begrenzt ist, die ihnen für ihre Tätigkeit in Verkündigung, Liturgie und Diakonie jeweils übertragen worden ist.
3) Für den *Bischof* gilt: Ihm ist für die jeweilige Ortskirche der Aposteldienst übertragen. Das bedeutet: Für seine Diözese, für sein Bistum, ist er – und er allein! – ohne Einschränkung und in vollem Sinn als Vorsteher, als Leiter, bestellt.
4) Für die *Presbyter* gilt: Ihre Aufgabe ist es, in den Pfarreien des jeweiligen Bistums, sozusagen „vor Ort" also, die Leitungsaufga-

ben des Bischofs wahrzunehmen. Das bedeutet: Presbyter sind ebenfalls zur Leitung der Kirche bestellt. Aber: Ihre Leitungskompetenz innerhalb eines Bistums ist – anders als diejenige des Bischofs – begrenzt; sie beschränkt sich auf jenen Bereich, der ihnen durch den Bischof der betreffenden Diözese zugewiesen wird.
Ein solcher Kompetenzbereich kann auch überpfarrlich umgrenzt sein, indem ein Presbyter zum Beispiel in das Domkapitel berufen wird. Aber auch in solchen Fällen gilt: Die Leitungskompetenz beschränkt sich auf jenen Bereich, den der Bischof dem betreffenden Presbyter zuweist.

5) Und die *Diakone*? Kennzeichen ihres Dienstes ist die Zuordnung zu jenen, die mit dem Leitungsdienst beauftragt sind, zu Bischof und Presbytern also: Diakone sind deren Mitarbeiter, deren Helfer. Also gilt: Der Kompetenzbereich der Diakone ist nochmals eingegrenzt. Wie die Presbyter nur einen Teilbereich des Bistums – in der Regel eine Pfarrei – verantwortlich leiten, so sind die Diakone – von Sonderaufgaben auf Bistumsebene etwa abgesehen – typischerweise nur in Teilbereichen einer Pfarrei selbständig tätig. Anders gesagt: Die Substruktur einer Pfarrei ist die typische Ebene für die selbständige Tätigkeit eines Diakons, so wie die Pfarrei als Substruktur des Bistums die typische Ebene der Leitungstätigkeit eines Presbyters ist.

6) Die Ämterstruktur, welche die Konzilsväter in der *Kirchenkonstitution* gezeichnet haben, ließe sich bildhaft folgendermaßen darstellen (siehe nächste Seite!):

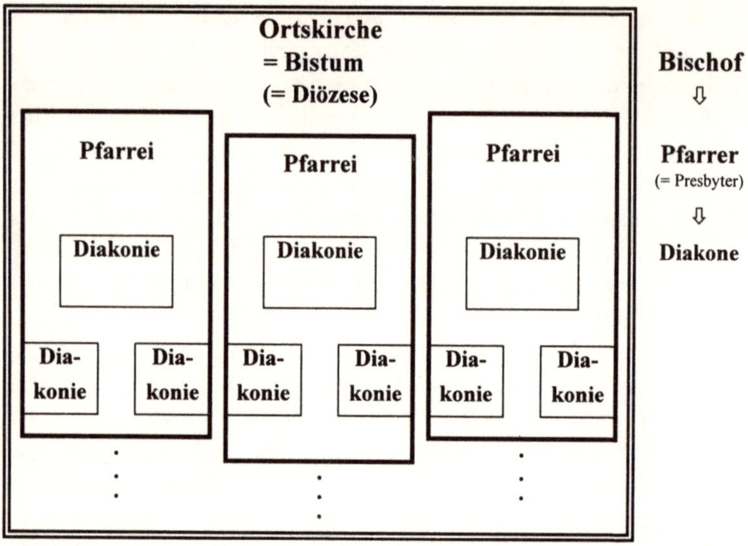

Allerdings: Die in der *Kirchenkonstitution* und im obigen Schaubild skizzierte Sicht bzw. Definition des Diakonates erweist sich – wie nun gleich zu erörtern ist – in mancher Hinsicht als ergänzungs- bzw. korrekturbedürftig.

1.4 Ergänzungen bzw. Korrekturen aus der Geschichte[3]

1.4.1 Zur Definition des Diakonates: nicht „Dienst", sondern „Dienst beim Bischof"!

Frühkirchliche Quellen lassen keinen Zweifel daran, daß die Diakone damals die unmittelbaren und engsten Mitarbeiter des Bischofs waren. Ihnen oblagen alle Dienstleistungen, derer der Bischof in Ausübung seines Amtes bedurfte: Das zeigte sich in der Euchari-

[3] Zum folgenden vgl. auch die Beiträge von *Jean Colson* („Diakon und Bischof in den ersten drei Jahrhunderten der Kirche"), *Bruno Kleinheyer* („Der Diakonat im Lichte der römischen Weiheliturgie") und *Walter Croce* („Aus der Geschichte des Diakonates") in: *Diaconia in Christo.* Über die Erneuerung des Diakonates. Hrsg. v. *Karl Rahner* u. *Herbert Vorgrimler.* Freiburg 1962 (QD 15/16), 23-30; 76-91; 92-128. – Gegenüber dem Beitrag von *Walter Croce* ist allerdings kritisch anzumerken,

stiefeier und der Initiationsliturgie zum Beispiel ebenso[4] wie in der Verkündigung[5] und der Krankenpastoral.[6] Der Tätigkeits*bereich* (nicht die Kompetenz!) der Diakone war somit gleich umfassend wie jener des Bischofs. Eine Hervorhebung einzelner Aufgaben gab es dabei ebensowenig wie eine einseitige Betonung von Tätigkeiten innerhalb oder außerhalb der Liturgie. Das galt auch im Blick auf den caritativen Bereich: Dieser oblag dem Bischof, war daher für die Diakone einerseits gleichermaßen wichtig wie für den Bischof selbst, andererseits aber auch nicht charakteristischer als andere Aufgaben. Es war daher ebenso treffend wie bündig formuliert, wenn die *Apostolische Überlieferung* den Diakonat als *„ministerium episcopi"*, als „Dienst beim Bischof" also, definierte und erläuternd hinzufügte: *„Denn der Diakon hat zu tun, was der Bischof ihm aufträgt."*[7]

Dabei blieb es nicht. Im Zuge der Fusion episkopaler und presbyteraler Kirchenverfassung änderten sich die Gegebenheiten vielmehr grundlegend: Presbyter übernahmen immer mehr Aufgaben der Diakone – zuerst freilich in der Liturgie! – und gelangten vor Ort (durch die Ausgestaltung pfarrlicher Strukturen, also des Parochialsystems) zunehmend in bischofsähnliche Leitungsfunktion. Dies führte nicht nur dazu, daß Presbyter forderten, Diakone müßten ihnen ebenso als *„ministri"*, als Helfer, zur Verfügung stehen wie

---

daß er die deutlich antidiakonale Tendenz mancher Quellen kaum oder gar nicht wahrnimmt bzw. berücksichtigt: vgl. demgegenüber *Bernhard Domagalski,* Römische Diakone im 4. Jahrhundert – Zum Verhältnis von Bischof, Diakon und Presbyter. In: *Der Diakon.* Wiederentdeckung und Erneuerung seines Dienstes. Hrsg. v. *Josef G. Plöger* u. *Hermann J. Weber.* Freiburg 1980, 44-56.

4 Vgl. die entsprechenden Hinweise unten S. 9-13.

5 Vgl. *Ignatius v. Antiochien,* Philad. 11,1: Die Apostolischen Väter. Griechisch-deutsche Parallelausgabe auf der Grundlage der Ausgaben von *Franz Xaver Funk / Karl Bihlmeyer* und *Molly Whittaker* mit Übersetzungen von *M. Dibelius* und *D.-A. Koch* neu übersetzt und herausgegeben von *Andreas Lindemann* und *Henning Paulsen.* Tübingen 1992, 224f.

6 Vgl. *Apostolische Überlieferung* 34: LWQF [5]39,80f; FC 1,290-293; *Justin,* 1. Apol. 65,5; 67,5: *André Wartelle,* Saint Justin Apologies. Introduction, texte critique, traduction, commentaire et index. Études Augustiniennes. Paris 1987, 190f.192f. Dt. Übersetzung: BKV 12,80.82.

7 Vgl. die Rubrik zur Diakonenordination: *Apostolische Überlieferung* 8: LWQF [5]39,22-27; FC 1,232 bis 237.

dem Bischof. Infolge dieser Entwicklungen kam es zu einer völligen Sinn-Entleerung des Diakonates. Symptomatisch hierfür ist: Schon gegen Ende des 5. Jh. definierte eine Quelle, die sogenannten *Statuta ecclesiae antiqua* nämlich, den Diakonat nicht mehr als *„ministerium episcopi"* („Dienst beim Bischof"), sondern nur mehr als *„ministerium"* („Dienst"). Durch diese Verkürzung wurde genau das getilgt, was bis anhin die eigentliche Charakteristik oder Typik des Diakonates ausmachte. Was trotz der nunmehr erfolgten Verkürzung noch blieb, war – recht besehen – eine inhaltslose Aussage![8]

Daß es sich bei den vorhin genannten *Statuta ecclesiae antiqua* um ein Dokument handelt, das in sehr einseitiger und tendenziöser Weise presbyterale Interessen vertrat, ist seit langem bekannt. Gleichwohl hat diese Quelle bis in die Gegenwart Geschichte gemacht. Auch das *Zweite Vatikanische Konzil* nämlich hat – wie das obige Zitat aus dessen *Kirchenkonstitution* dokumentiert (*Lumen Gentium* Art. 29: oben S. 3) – die sinn-entleerende Verkürzung in der Definition des Diakonates bedauerlicherweise beibehalten: Es charakterisiert den Diakonat immer noch als *„ministerium"* statt als *„ministerium episcopi"*, und die deutsche Übersetzung der *Kirchenkonstitution* tut ein übriges, indem sie *„ministerium"* mit *„Dienstleistung"*(!) wiedergibt!

Entsprechend unspezifisch sind weitere Aussagen des Konzils, und zwar gerade in Passagen, die Grundlegendes hätten festhalten müssen. So heißt es etwa: Die Diakone *„dienen ... dem Volke Gottes ... **in Gemeinschaft mit** [in communione cum] **dem Bischof und seinem Presbyterium**"*, taufen *„je nach Weisung der **zuständigen Autorität** [prout ei(s) a competenti auctoritate assignatum fuerit]"* und so fort. Diese Aussagen verdunkeln, daß die Stellung der Diakone gegenüber dem Bischof von grundlegend anderer Art ist als gegenüber den Presbytern: Diakone sind dem Bischof ja genauso unmittelbar zugeordnet wie die Presbyter. Wie der Bischof zum Beispiel Presbyter in Pfarreien entsendet, auf daß diese dort – an seiner Statt – Leitungsaufgaben wahrnehmen, so entsendet er auch Diakone in die Pfarreien, auf daß diese dort – ebenfalls an seiner Statt – in der Verkündigung tätig sind, sich der Sakramentenkatechese widmen, der Kranken annehmen und so fort. Kurz: Presbyterat einerseits und Diakonat

[8] Vgl. *Statuta ecclesiae antiqua* 92 (CChr.SL 148/1,181) und hierzu auch *Kleinheyer* (s. Anm. 3) 80ff.

andererseits sind nur zwei verschiedene Weisen bzw. Dienstformen, mit deren Hilfe der Bischof in den Pfarreien den Verpflichtungen seines Apostelddienstes nachkommt. Nicht anders als die Presbyter, so sind daher auch die Diakone unmittelbar vom Bischof gesandt und diesem unmittelbar als Mitarbeiter zugeordnet: Auch die Diakone erhalten vom Bischof – und nicht von einem Presbyter – jeweils die Umschreibung ihres diakonalen Auftrages und die entsprechende Weisung! Demgegenüber kann und darf ihre dienstliche Zuordnung zu Presbytern stets nur eine mittelbare sein.[9] Erst recht natürlich gilt – aber das braucht ja gar nicht weiter erörtert zu werden –, daß die Stellung von Diakonen gegenüber Presbytern dezidiert anders ist als jene, in welcher sich Kapläne früherer Tage gegenüber ihren Pfarrern sahen.

Solche Klarstellungen wären aus mindestens zweierlei Gründen wichtig gewesen. *Zum einen* aus Verpflichtung gegenüber dem ursprünglichen Profil des Diakonates, also gegenüber jener Ausformung, welche er – wie oben skizziert – in frühkirchlicher Zeit hatte, als er tatsächlich noch eine Form pastoralen Dienstes darstellte. Insofern sind die Aussagen des Konzils halbherzig geblieben. *Zum anderen* ergeben sich aus den genannten Klarstellungen Perspektiven, die nicht wenig zur Lösung bzw. Vermeidung von Schwierigkeiten beitragen können, welche – etwa auf pfarrlicher Ebene – in der Zusammenarbeit von Presbytern und Diakonen des öfteren auftreten.

Notabene

1) Es gibt immer wieder einmal Versuche, das Proprium bzw. die Typik des Diakonates in dessen „Dienst"-Charakter (Stichwort „Diaconia Christi" u.ä.) oder seinen Schwerpunkt im sozialen Dienst (Stichwort „Weltdienst" u.ä.) zu sehen. Ob solche Definitionen einer Überprüfung an Hand der eben skizzierten geschichtlichen Entwicklung standhalten können? In jedem Fall tragen sie die historische und theologische Beweislast.
2) *Gisbert Greshake* unterzieht die Aussagen der *Kirchenkonstitution* einer erstaunlich harschen Kritik: Das Konzil habe den Diakonat lediglich an

[9] Vgl. auch *Helmut Büsse,* Der Ständige Diakonat im Kontext der pastoralen Dienste. Eine pastoraltheologische Zwischenbilanz. In: *Der Diakon* (s. Anm. 3), 241-258, hier 244f (bes. Anm. 19).

Hand einer „additiven Auflistung aller möglichen, aus Schrift und Tradition überkommenen Funktionen und Vollmachten" definiert und es versäumt, mit seiner Wiedereinführung „auch gleichzeitig die innere 'Mitte' und sakramentale 'Gestalt' des Diakonats" zu bestimmen.[10] Ob damit den Aussagen der Konzilsväter genügend Rechnung getragen wird?

a) In der *Kirchenkonstitution* ist zur „inneren Mitte" des Diakonates immerhin Grundlegendes gesagt: Diese, so wäre sinngemäß zu formulieren, liegt in der *einen,* von Christus herkommenden, Sendung, die über die Apostel auf die Bischöfe übergegangen ist, welche ihren Dienst wiederum „in mehrfacher Abstufung verschiedenen Trägern in der Kirche rechtmäßig weitergegeben haben": Priestern und Diakonen nämlich (vgl. *LG* Art. 28: oben S. 2).

b) Die Konzilsväter definieren den Diakonat, wie eben erörtert, als „Dienst" *(„ministerium").* Im Anschluß daran aber halten sie als erstes fest: Das *„ministerium"* der Diakone entfaltet sich als Dienst in der *Liturgie*, in der *Verkündigung* und in der *Diakonie.* Dann erst sprechen sie von einzelnen Aufgaben der Diakone, und zwar im Rahmen der Liturgie. Letzteres muß keine Engführung bedeuten: Vielmehr ist es ja alte Gepflogenheit, Formen kirchlichen Dienstes durch typische Aufgaben im Rahmen der Liturgie zu charakterisieren. Liest man den Art. 29 der *Kirchenkonstitution* (siehe oben S. 3) vor diesem Hintergrund, dann wird rasch ersichtlich: Was die Konzilsväter als liturgische Aufgaben der Diakone nennen, ist nicht einfachhin bloß „additiv" und entbehrt auch nicht einer Systematik. Auf einem ganz anderen Blatt freilich steht, ob alle aufgeführten liturgischen Aufgaben den Diakonat wirklich zutreffend typisieren. Dies wird noch zu erörtern sein.[11]

   An Hand der *Rahmenordnung für Ständige Diakone*, welche die Deutsche Bischofskonferenz erlassen hat[12], die bei *Greshake* aber inhaltlich möglicherweise zuwenig Berücksichtigung findet, ließe sich das eben Gesagte freilich noch in mancher Hinsicht verdeutlichen.

---

[10] Vgl. *Gisbert Greshake,* Diakon. V. Gegenwärtige Diskussion: $LThK^3$ 3,183f, hier 183.

[11] Vgl. unten S. 79-85.

[12] Vgl. unten Anm. 33.

1.4.2 Beispiele für bedeutsame Verschiebungen im Tätigkeitsfeld und in der Typik des Diakonates

Daß die Fusion episkopaler und presbyteraler Kirchenverfassung und der Ausbau pfarrlicher Strukturen sich auf die Tätigkeitsfelder der Diakone und somit auf die Typik des Diakonates auswirkten, ist vorhin schon festgehalten worden. Es lohnt, in Ergänzung dazu noch einen kurzen Blick darauf zu werfen, welche Veränderungen sich daraus im einzelnen ergaben und in welch unterschiedlichem zeitlichen Rahmen sich diese einstellten. Die Geschichte der Eucharistiefeier und jene der Taufliturgie liefern dafür aufschlußreiche Beispiele.

1) Eucharistiefeier

Eine kurze Gegenüberstellung der Auskünfte *Justins* einerseits und der *Apostolischen Überlieferung* andererseits möge genügen.

So, wie ***Justin*** die Eucharistiefeier schildert, steht außer Zweifel: Es ist der Normalfall (!), daß es Diakone sind, die im Anschluß an das Hochgebet (welches vom Bischof proklamiert worden ist) das Brot der Eucharistie zerbrechen, das zerbrochene Brot sowie den Kelch den Anwesenden reichen und beides auch jenen Kirchenmitgliedern überbringen, die der aktuellen sonntäglichen Eucharistiefeier fernbleiben mußten: *„Nachdem der Vorsteher Dank gesagt hat und die ganze Gemeinde zugestimmt hat, geben die, welche bei uns Diakone heißen, jedem der Anwesenden Anteil an dem bedanksagten Brot, Wein und Wasser und bringen davon auch den Abwesenden.“*[13] Daß in der Eucharistiefeier auch Presbyter tätig würden, ist bei *Justin* nicht einmal andeutungsweise zu erkennen.

Die ***Apostolische Überlieferung*** zeichnet ein anderes Bild. Allerdings ist dieses in sich keineswegs einheitlich.

a) Kapitel 4 handelt nur vom Bringen der Gaben und dem anschließenden Hochgebet. Differenzen zum Zeugnis *Justins* sind nicht erkennbar.[14]

---

[13] *Justin, 1. Apologie* 65,5: *Wartelle* (s. Anm. 6) 190f; Übersetzung v. Vf. in Anlehung an BKV 12,80. Vgl. auch die Schilderung *Justins* in *1. Apologie* 67,5: *Wartelle* (s. Anm. 6) 192f.

[14] Vgl. *Apostolische Überlieferung* 4 (LWQF 39,10f; FC 1,220f).

b) In Kapitel 21 wird die *Liturgie der Aufnahme* (Initiation) und dabei auch – wie man heute formulieren könnte – die „Kommunion" beschrieben. Dabei gibt es bemerkenswerte Unterschiede zu den Schilderungen *Justins*:[15]

- Vom Brechen und Reichen des eucharistischen Brotes durch Diakone ist überhaupt nicht die Rede. Indessen: Auch Presbyter werden dafür nicht genannt. Beide Tätigkeiten scheinen vielmehr ausschließlich dem Bischof zugewiesen. Allerdings: Möglicherweise geht es dem Verfasser der *Apostolischen Überlieferung* in diesem Abschnitt nur darum, daß der Bischof es ist, der für die *Neugetauften*(!) das Brot bricht und es diesen reicht, sowie um die Art und Weise, in der dies geschieht. Mit anderen Worten: Es ist keineswegs auszuschließen (wenn nicht gar wahrscheinlich), daß den übrigen Mitgliedern der versammelten Kirche das eucharistische Brot zumindest auch durch andere Dienstträger – also zum Beispiel durch Presbyter oder Diakone – zerbrochen und gereicht wird!
- Das *Reichen des eucharistischen Kelches* scheint *Aufgabe von Presbytern* zu sein. Diakone werden dabei nur tätig, wenn die Zahl der Presbyter dafür nicht ausreicht.

b) In Kapitel 22 liegen die Dinge anders[16]:

- Das *Brotbrechen* wird als *reguläre Aufgabe von Diakonen* geschildert. Erst an zweiter Stelle werden hierfür auch Presbyter genannt, und die diesbezügliche Anweisung ist auffällig umständlich formuliert: so, als ginge es darum, die Aufgabe der Diakone einerseits und jene der Presbyter andererseits irgendwie zu harmonisieren.
- Das *Reichen des eucharistischen Brotes* ist nach Kapitel 22 *vornehmlich Aufgabe des Bischofs*. Allerdings werden dabei auch Presbyter tätig. Und wiederum fällt auf: Die Angaben bezüglich der Presbyter sind hier ebenfalls merkwürdig unbeholfen.

Fazit

1) Die Diskrepanzen zwischen den Auskünften *Justins* einerseits und der *Apostolischen Überlieferung* andererseits sind gar nicht zu übersehen. Sie sind umso auffälliger, als zwischen diesen beiden Quellen ja lediglich eine Zeitspanne von etwa zwei Generationen liegt![17]

---

[15] Vgl. *ebd.* 21 (LWQF 39,56f; FC 1,268f).

[16] Vgl. *ebd.* 22 (LWQF 39,60f; FC 1,272f).

[17] In der nunmehrigen Neuauflage des *Lexikons für Theologie und Kirche* werden die oben skizzierten Diskrepanzen bedauerlicherweise überhaupt

2) Nicht weniger auffällig ist, daß auch die Angaben der *Apostolischen Überlieferung* selbst gewisse Ungereimtheiten zeigen. Sind diese möglicherweise darauf zurückzuführen, daß Elemente episkopaler und presbyteraler Kirchenverfassung miteinander verschmolzen werden? Ganz abwegig scheint eine solche Vermutung nicht, zumal es dafür in dieser Quelle auch sonst entsprechende Anhaltspunkte gibt, und zwar gerade im Zusammenhang mit der Ordinationsliturgie![18]

2) Taufliturgie

Vielfach und für erstaunlich lange Zeit ist belegt, daß Diakone auch in der Taufliturgie eine *sakramentliche Kernhandlung* vollzogen: die *„mersio"*, also den Wasserritus der Taufe nämlich. So hält zum Beispiel der *Ordo Romanus XI* (ein ursprünglich römisches Liturgiebuch aus dem 7., vielleicht schon der 2. Hälfte des 6. Jh.) in seiner Schilderung der Initiationsliturgie kurz und bündig fest: Der Pontifex tauft eines oder zwei der Kinder oder soviele er will; die übrigen Kinder hingegen werden von einem Diakon, dem der Pontifex dies aufgetragen hat, getauft.[19] Dem *Ordo Romanus XXIII* (8. Jh.) ist zu entnehmen: Die ersten vier oder fünf Kinder werden vom Pontifex, die übrigen von Presbytern und zwei Diakonen getauft.[20] Gleiches wird noch von Liturgiebüchern des 12. und 13. Jh. bezeugt![21] Und die diesbezüglichen Anweisungen lesen sich in allen Fällen so, daß die

---

nicht kenntlich: vgl. *Eva-Maria Faber,* Diakon. II. Historisch-theologisch: LThK³ 3,179ff, hier 179f.

18 Vgl. *August Jilek,* Initiationsfeier und Amt. Ein Beitrag zur Struktur und Theologie der Ämter und des Taufgottesdienstes in der frühen Kirche (Traditio Apostolica, Tertullian, Cyprian). Frankfurt a. M. 1979 (EHS.T 130), 44-52 und 67-72.

19 *Ordo Romanus* XI,96: „Deinde pontifex baptizat unum aut duos vel quantos ei placuerit de ipsis infantibus, caeterique a diacono, cui ipse iusserit, baptizantur" (SSL 23,445).

20 *Ordo Romanus* XXIII,31: „Et, postquam baptizat IIII aut V infantes, exiet foras et baptizant presbiteri et duo diaconi et ille postea consignat et chrismat" (SSL 24,273).

21 Vgl. *Römisches Pontificale* des 12. Jh., XXXII,24 (StT 86,245) und des 13. Jh., XLIV,22 (StT 87,477).

Schlußfolgerung berechtigt erscheint, es handle sich hierbei um eine ganz selbstverständliche Vorgehensweise und Gepflogenheit.

Die eben genannten Dokumente stammen aus dem Mittelalter. Wie steht es in frühkirchlicher Zeit? Blicken wir zuerst kurz in den *Osten*. Aus den Schilderungen der *Didascalia* (Nordsyrien, Anfang oder 1. Hälfte des 3. Jh.) ergibt sich: Der Bischof beauftragt sowohl Diakone wie auch Presbyter mit dem Taufen, und der jeweils Taufende nimmt anscheinend auch die zur Taufe gehörende Körpersalbung vor.[21]

Westen: Von *Justin* ist über die Aufgabenverteilung im Rahmen der Taufliturgie nichts zu erfahren. Die *Apostolische Überlieferung* allerdings zeichnet auch für die Taufliturgie ein anderes Bild. Nach ihren Angaben sind es nicht Diakone, sondern Presbyter, die nach dem Bischof taufen. Wohl hat einer der Diakone die Aufgabe, mit den Taufkandidaten jeweils ins Wasser zu steigen: zu welchem Zweck, wird nicht ausdrücklich gesagt.[23]

Notabene

Eva-Maria Faber zufolge hätten Diakone im Rahmen der Taufliturgie nur „assistierende Vollzüge" wahrzunehmen gehabt. Aber: Abgesehen von der *Apostolischen Überlieferung* bezeugen alle anderen, von der Autorin angeführten Quellen das Gegenteil! Zwei der beigezogenen Quellen werden allerdings zu unrecht für frühkirchliche Praxis in Anspruch genommen: die *Ordines Romani XI* und *XXIII* nämlich.[24]

1.4.3 Zur Leitung gottesdienstlicher Feiern durch Diakone

Noch weitere Festlegungen, welche das Konzil getroffen hat, sind kurz zu erörtern. Es weist den Diakonen nämlich die Kompetenz zu, gottesdienstliche Feiern auch selbständig zu leiten. Dabei nennt es Liturgieformen, die von recht unterschiedlicher Art und für das kirchliche Leben von recht unterschiedlicher Bedeutung sind: Wortgottesdienste, Andachten und Segensliturgien nämlich ebenso wie Tauf- und Trauungsfeiern.

---

[22] Vgl. *Didascalia* 16 (Connolly 146f).
[23] Vgl. *Apostolische Überlieferung* 21 (LWQF 39,46-49; FC 1,258-261).
[24] Vgl. *Faber* (s. Anm. 17) 180.

1) Tauffeiern

Zwar ist – wie eben dargelegt – bis weit ins Hochmittelalter bezeugt, daß Diakone in der Taufliturgie den Wasserritus und somit eine *sakramentliche Kernhandlung* vollzogen. Aber: Solches oblag ihnen immer nur innerhalb von Feiern, denen der Bischof vorstand, und es ist vermutlich in eben diesem Sinn zu verstehen, wenn das *Pontifikale* des *Durandus* (Südfrankreich, Ende 13. Jh.) die Aufgaben eines Diakons mit der bekannten Wendung *„am Altar dienen, taufen und verkündigen (predigen?)" („ministrare ad altare, baptizare et predicare")* umschreibt.[25]

Für die *selbständige Leitung* von Tauffeiern durch Diakone hingegen gibt es so gut wie keine historische Bezeugung: Jener Beleg, der sich bekanntlich in einer spanischen Quelle aus dem Anfang des 4. Jh. findet, scheint nach bisheriger Kenntnis eine Ausnahme darzustellen und bis ins 20. Jh. singulär zu bleiben.[26] Schon deshalb überrascht es daher, daß das Konzil den Diakonen gleichwohl die Kompetenz zur Leitung von Tauffeiern übertragen hat.

Noch belangvoller ist dies: Die Taufe ist (wie alle Initiationsfeiern) für kirchliches Leben von so grundlegender Bedeutung, daß sie a) nach Möglichkeit unter Versammlung der Kirche vor Ort[27] und b) wenn schon ohne Bischof, dann zumindest nicht ohne jenen Presbyter gefeiert werden sollte, der in der betreffenden Pfarrei den Bischof in der Leitungsaufgabe vertritt, also nicht ohne den zuständigen Pfarrer.

---

[25] Vgl. *Durandus Pont.* I,XII,6: StT 88,360; *Kleinheyer* (s. Anm. 3) 85; *Croce* (s. Anm. 3) 92ff.

[26] Vgl. *Synode v. Elvira*, c. 77: *Mansi* 2,18. – Zu can. 741 des *CIC 1917* und den entsprechenden (aber restriktiven!) Ergänzungen im *Rituale Romanum* (die übrigens von der *Collectio Rituum von 1950* nicht übernommen worden sind) vgl. u.a. *Heinzgerd Brakmann*, Zum Dienst des Diakons in der Liturgischen Versammlung. In: *Der Diakon* (s. Anm. 3) 147-163, hier 155.

[27] Vgl. hierzu u.a. *Die Feier der Kindertaufe* in den katholischen Bistümern des deutschen Sprachgebietes. Hg. im Auftrag der Bischofskonferenzen Deutschlands, Österreichs und der Schweiz und des Bischofs von Luxemburg. Einsiedeln u.a. 1971, *Vorbemerkungen* 20 und 57f.

Fazit

Die Leitung von Tauffeiern durch Diakone steht nicht nur in Widerspruch zur ursprünglichen Typik des Diakonates und verwischt dessen Profil. Sie ist vor allem auch mit der ekklesialen, also der gemeindlich-kirchlichen Bedeutung dieser Sakramentenfeier kaum in Einklang zu bringen.

2) Trauung und Krankensalbung

Anders liegen die Gegebenheiten bezüglich der *Trauung* und der *Krankensalbung*. Zwar ist eine Leitung dieser Feiern durch Diakone nach bisherigem Kenntnisstand historisch ebenfalls nicht belegt. Für beide Liturgieformen sind aber noch andere Aspekte zu berücksichtigen. Schon ein kurzer Blick in die Entwicklungsgeschichte dokumentiert dies hinlänglich.

Für die ***Krankensalbung*** gilt: Zwar oblag es immer dem Bischof oder einem der Presbyter, das Gebet über dem Öl für die Kranken zu vollziehen, was in der Regel im Rahmen der sonntäglichen Versammlung geschah. Bis ins 8. Jh. aber blieb es weitgehend den Gläubigen selbst überlassen, mit dem betreffenden Öl dann zu Hause an sich oder an ihren kranken Angehörigen den Salbungsritus zu vollziehen![28] Als die Bischöfe gegen Ende des 1. Jahrtausends schließlich begannen, die Krankensalbung insgesamt deutlicher als Aufgabe des kirchlichen Heilsdienstes zu profilieren, war der Diakonat in den Pfarreien längst keine Realität mehr. Zwischenzeitlich erfolgte Entwicklungen hinsichtlich der Theologie des pastoralen Dienstes und im Verständnis der Krankensalbung taten ein übriges, um den Diakonat im Zusammenhang mit dieser Liturgie erst gar nicht zu berücksichtigen.

Die Herkunft der ***Trauungsliturgie*** aus der Gattung der Familien- und Sippenfeiern ist unübersehbar und läßt sich an ihren jüdischen und antik-heidnischen Wurzeln ebenso ablesen wie an den christlichen Hochzeitsgepflogenheiten des 1. Jahrtausends.[29] Als die Kirche

[28] Vgl. *Reiner Kaczynski,* Feier der Krankensalbung. In: Sakramentliche Feiern I/2. Regensburg 1992 (GdK 7,2), 241-343, hier 258-285.

[29] Vgl. *Bruno Kleinheyer,* Riten um Ehe und Familie. In: *Ders./Emmanuel v. Severus/Reiner Kaczynski,* Sakramentliche Feiern II. Regensburg 1984 (GdK 8), 67-156, hier 76-110.

die Verheiratung deutlicher in den Bereich der Öffentlichkeit holt, sind dafür bekanntlich rechtliche Ordnungsinteressen ausschlaggebend und nicht etwa Überlegungen bezüglich der gemeindlich-kirchlichen Dimension von Trauung. Dem entspricht, daß Trauungsfeiern bis zum heutigen Tag nur sehr bedingt und sehr eingeschränkt im Rahmen kirchlicher Öffentlichkeit und Versammlung geschehen. Dies wiederum beruht daher nicht so sehr oder zumindest nicht nur auf defizitärer Praxis, sondern hat in beträchtlichem Maße auch mit der Liturgieform „Trauung" und dem ihr zugrundeliegenden Feieranlaß zu tun.

Fazit

Die Trauung und die Krankensalbung haben längst nicht solche gemeindlich-kirchliche Bedeutung wie die Taufe und sind daher auch nicht in vergleichbarem Maße dem Leitungsdienst zugeordnet. Vielmehr lassen diese beiden Feiern viel eher eine Entsprechung zur Dienstebene und zum Dienstprofil des Diakonates erkennen. Um es am Beispiel der Krankensalbung zu verdeutlichen: Diese ist in besonderer Weise von Aspekten der Individualseelsorge (Gegebenheiten der Krankenpastoral, der Klinikseelsorge u. dgl.) geprägt, was wiederum der Typik diakonaler Aufgaben entspricht.[30] Fragen nach der Sakramentalität von Trauung und Krankensalbung bleiben von solchen Überlegungen natürlich unberührt.

---

[30] Vgl. *Rahmenordnung für Ständige Diakone* S. 9 (s. Anm. 32): unten S. 85-87. – Zur theologischen Kontroverse um den Diakon als „Spender" der Krankensalbung vgl. u.a. auch *Peter Hünermann,* Gutachten zur Bestellung des Diakons (der Diakonin) zum ordentlichen Spender der Krankensalbung. In: Synode. Amtliche Mitteilungen der Gemeinsamen Synode der Bistümer in der Bundesrepublik Deutschland 1973, H. 7, 51f; *Herbert Vorgrimler*, Gutachten über Diakone als Spender der Krankensalbung. In: ebd. 53f.; *David N. Power*, Das Sakrament der Krankensalbung. Offene Fragen. In: Conc(D) 27 (1991) 154-163; *Anton Ziegenaus,* Ausdehnung der Spendevollmacht der Krankensalbung? In: MThZ 26 (1975) 345-363.

3) Eine Ergänzung aus dem Benediktionale

Ganz ähnliche Kriterien ergeben sich übrigens aus dem Ritusbuch für Segensfeiern. Darin heißt es u.a.:

> **Benediktionale. Pastorale Einführung**
>
> *„Der Spender"*
> *18. Auf Grund des allgemeinen oder besonderen Priestertums oder eines besonderen Auftrages kann jeder Getaufte und Gefirmte segnen. Je mehr aber eine Segnung auf die Kirche als solche und auf ihre sakramentale Mitte bezogen ist, desto mehr ist sie den Trägern eines Dienstamtes (Bischof, Priester, Diakon) zugeordnet. So werden etwa die **Segnungen** öffentlicher Einrichtungen **durch einen Amtsträger** vollzogen, der die **Kirche in diesem Bereich vertritt**.*
> *Daher sind dem **Bischof** Segnungen vorbehalten, in denen eine **besondere Beziehung zur Diözese** sichtbar wird;*
> - ***Priester, Diakon** oder beauftragte **Laien** segnen im Leben der **Pfarrgemeinde** oder **im örtlichen öffentlichen Leben;***
> - ***Eltern segnen in der Familie.**"* (Benediktionale. Studienausgabe für die katholischen Bistümer des deutschen Sprachgebietes. Hg. von den Liturgischen Instituten Salzburg, Trier, Zürich. Einsiedeln u.a. 1978, 16; Gliederung und Hervorhebungen durch den Vf. – Vgl. auch De Benedictionibus. Rituale Romanum ex decreto Sacrosancti Oecumenici Concilii Vaticani II instauratum auctoritate Ioannis Pauli II promulgatum. Editio typica. Vat. 1984, 14.)

Fazit

1) Für eine angemessene Regelung bezüglich der Leitung von Gottesdiensten liegt ein entscheidendes Kriterium darin, ob die Typik der betreffenden Liturgie einerseits und die Typik der Dienstebene bzw. des Kompetenzbereiches der jeweiligen Form des pastoralen Dienstes andererseits einander entsprechen.
2) Nicht nur für Sakramenten-, sondern auch für Segensfeiern müßte die Frage der Leitung nach solchen Kriterien geregelt werden. Die Segnung eines neuerbauten Pfarrheimes etwa entspricht der Dienstebene des Pfarrers der betreffenden Pfarrei, die Segnung des neuerbauten Wohnhauses einer Familie hingegen auch der Dienstebene eines Diakons.[31]

---

[31] Gegen den oben formulierten Grundsatz wird freilich auch sonst verstoßen. So ist es natürlich sinnwidrig, wenn etwa statt des betreffenden

4) Leitung pfarrlicher Teilgemeinden

Ähnliches wäre im Hinblick auf die *Leitung von Teil-* bzw. *Filialgemeinden* einer Pfarrei zu bedenken, sofern es sich dabei tatsächlich um pfarrliche Substrukturen handelt. Denn diese stehen durchaus in gewisser Entsprechung zum Tätigkeitsprofil von Diakonen.

2. Die neuen pastoralen Laiendienste: Gemeinde- und Pastoralassistentinnen bzw. -referentinnen

Im Gefolge der Erneuerung, die durch das *Zweite Vatikanische Konzil* angestoßen worden ist, sind in den Bistümern Deutschlands – aber ebenso zum Beispiel in den Diözesen Österreichs, der Schweiz und der Niederlande – neue Formen pastoralen Dienstes entstanden: Frauen und Männer sind als Gemeinde- und Pastoralassistenten bzw. -referenten tätig. Wie nun sind diese in das Spektrum der überkommenen Formen hauptamtlichen pastoralen Dienstes (Bischof, Presbyter, Diakone) einzuordnen – oder gehören sie möglicherweise gar nicht in dieses Beziehungsgefüge?

Eine Antwort läßt sich am raschesten an Hand der *Rahmenordnung für Ständige Diakone* und der *Rahmenstatuten für Gemeinde- und Pastoralreferentinnen* finden, welche die Deutsche Bischofskonferenz verabschiedet hat.[32] Der Kürze halber beschränken sich die

---

Diözesanbischofs ein Weihbischof (der ja Bischof einer anderen und zudem ausgestorbenen Diözese ist) eine Diakonenweihe leitet. Oder: Statt zur Weihe einer neuen Orgel möge ein Diözesanbischof doch besser zur Feier einer Taufe oder einer Erstkommunion in die betreffende Pfarrei kommen.

[32] *Rahmenordnung für Ständige Diakone* in den Bistümern der Bundesrepublik Deutschland. Hg. vom Sekretariat der Deutschen Bischofskonferenz. Bonn 1987 (Die Deutschen Bischöfe Nr. 40). – *Rahmenstatut für Gemeindereferenten/Gemeindereferentinnen* in den Bistümern der Bundesrepublik Deutschland. In: Sekretariat der Deutschen Bischofskonferenz (Hrsg.), Rahmenstatuten und -ordnungen für Gemeinde- und Pastoral-Referenten/Referentinnen. Bonn 1987 (Die Deutschen Bischöfe Nr. 41), S. 7-15. – *Rahmenstatut für Pastoralreferenten/Pastoralreferentinnen* in den Bistümern der Bundesrepublik Deutschland. In: ebd. S. 33-40.

nachfolgenden Darlegungen darauf, an Hand tabellarischer Übersichten kurz zu vergleichen, wie die deutschen Bischöfe in den genannten Dokumenten einerseits den Diakonat und andererseits den Dienst der Gemeindereferentinnen umschreiben. Dazu sei angemerkt: Was dabei für die Gemeindereferentinnen festgehalten wird, gilt im wesentlichen auch für die Pastoralreferentinnen; letztere unterscheiden sich im Grunde nur dadurch, daß sie in manchen Bistümern vor allem auf überpfarrlicher Ebene eingesetzt werden.

2.1 Die grundlegenden Aussagen

Berufliche Aufgabenbereiche *Grundsätzlich und allgemein*	
Ständige Diakone	**Gemeindereferentinnen**
Jeder Diakon ist in allen drei **Grunddiensten** tätig: in der Diakonie	Schwerpunkt des Berufs des Gemeindereferenten/der Gemeindereferentin ist die allgemeine Unterstützung des kirchlichen Amtes. Seine/ihre Aufgaben beziehen sich auf Aufbau und Verlebendigung der Gemeinde durch die Mitwirkung in den drei Grunddiensten der Kirche:
• der **christlichen Bruderliebe** • des **Wortes** • der **Liturgie**	• **Verkündigung** • **Liturgie** • **Diakonie**
Vgl. *Rahmenordnung für Ständige Diakone* (s. Anm. 32) S. 9. – Gliederung und Hervorhebungen vom Vf.	Vgl. *Rahmenstatut für Gemeinderef.* (s. Anm. 32) S. 8. – Gliederung und Hervorhebungen vom Vf.

– Es sei vermerkt: Die Rahmenordnungen für Gemeinde- und Pastoralreferenten von 1987 unterscheiden sich im Blick auf die hier zu verfolgende Fragestellung nur sehr geringfügig von den Fassungen aus dem Jahr 1978: vgl. Rahmenstatuten und -ordnungen für Diakone und Laien im pastoralen Dienst. Bonn 1978/79 (Die Deutschen Bischöfe Nr. 22), S. 35-47 und 71-84. – Im übrigen vgl. u.a. *Christoph Kohl,* Zwischen Laien und Amtsträgern? Zum ekklesiologischen Ort der Gemeindereferent(inn)en. In: Werden und Wandel eines neuen kirchlichen Berufs. Sechzig Jahre

Fazit

Die grundlegende Umschreibung des Dienstes der Gemeindereferentinnen deckt sich ohne Einschränkung mit derjenigen für Diakone. Für beide Formen pastoralen Dienstes gilt: Ihre Aufgabenbereiche sind die *Verkündigung*, die *Liturgie* und die *Diakonie* (also die Caritas).

2.2 Einzelheiten zu den beruflichen Aufgabenbereichen

Was die Bischöfe zunächst in grundlegender Umschreibung festhalten, verdeutlichen sie anschließend durch detaillierte Hinweise und beispielhafte Einzelumschreibungen.

2.2.1 Diakonie und Verkündigung

Bezüglich der Aufgaben in den Bereichen *Diakonie* und *Verkündigung* formulieren die Bischöfe so:

Einzelheiten zu den beruflichen Aufgabenbereichen

Ständige Diakone	**Gemeindereferentinnen**
Bruderdienst	***Diakonie***
• Sorge für Menschen in Sondersituationen	• Einzelhilfe
• Öffnung der Gemeinde für Anliegen ... Nöte der Menschen	• Gewinnung u. Befähigung von ehrenamtlichen Mitarbeitern im Bereich der Diakonie
• Anregung und Weckung diakonischer Dienste	
• Unterstützung und Förderung katholischer Verbandsarbeit	• Unterstützung und Förderung katholischer Verbandsarbeit
• Zusammenarbeit mit kirchlichen und kommunalen Einrichtungen im Bereich Caritas / Sozialwesen	• Zusammenarbeit mit kirchlichen und kommunalen Einrichtungen im Bereich Caritas / Sozialwesen

---

Seelsorgehelferinnen/Gemeindereferent(inn)en. Hg. v. *Rainer Birkenmaier*. Freiburg 1989, 29-69. Ferner: Von Beruf Gemeindereferent. Aufnahme eines Bestandes – Perspektive einer Zukunft. Hg. v. *Josef Hochstaffl*. Paderborn 1985.

Dienst am Wort	*Verkündigung*
• Predigt bei Wortgottesdiensten von Kasualien (Begräbnis etc.)	• *Predigt bei Wortgottesdiensten von Kasualien (Begräbnis etc.)*
• Predigt in der Eucharistiefeier	• *Predigt in der Eucharistiefeier*[33]
• Mitwirkung in der Vorbereitung auf den Sakramenten-Empfang	• Mitwirkung in der Vorbereitung auf den Sakramenten-Empfang
• Mitwirkung in der Gemeindekatechese	• Mitwirkung in der Gemeindekatechese
• Befähigung von Eltern und anderen Erwachsenen zur Einführung der Kinder in den Glauben	• Befähigung von Eltern und anderen Erwachsenen zur Einführung der Kinder in den Glauben
• Glaubenszeugnis und -gespräche mit einzelnen und in Gruppen	• Gewinnung und Befähigung von Gemeindemitgliedern und Gruppen zum Glaubenszeugnis und Glaubensgespräch
	• Einzelgespräche und Hausbesuche
	• Begleitung von Gruppen, Familien und Nachbarschaftskreisen
• Schulischer Religionsunterricht Vgl. Rahmenordnung für Ständige Diakone (s. Anm. 32) S. 9f.	• Schulischer Religionsunterricht Vgl. Rahmenstatut für Gemeinderef. (s. Anm. 32) S. 8f; Rahmenstatut für Pastoralref. (s. Anm. 32) S. 34f.

Fazit

Auf die Bereiche *Diakonie* und *Verkündigung* trifft ohne Einschränkung zu: Bis in Formulierungen hinein ist die exemplarische Aufgabenumschreibung für Diakone einerseits und für Gemeindereferentinnen andererseits gleich.

[33] Die Predigtbefugnis gehört in vielen, wenn nicht in den meisten Diözesen zum regulären Dienstauftrag der Gemeinde- und Pastoralreferentinnen. Sofern hierzu eine gesonderte Beauftragung erforderlich ist, scheinen weniger oder zumindest nicht nur grundsätzliche Restriktionen im Spiel zu sein als vielmehr Gegebenheiten der jeweiligen Studien- und Ausbildungsgänge.

2.2.2 Liturgie

Und wie steht es im Hinblick auf die *Liturgie*?

Ständige Diakone ***Liturgie***	**Gemeindereferentinnen** ***Liturgie***
• Mitwirkung bei der Vorbereitung und Gestaltung von Gottesdiensten	• Mitwirkung bei der Vorbereitung und Gestaltung von Gottesdiensten
• Heranbildung von Mitarbeitern und Helfern für Gottesdienste	• Heranbildung von Mitarbeitern und Helfern für Gottesdienste
• Verkündigung (Evangelium, Predigt)	• Mitwirkung in der Liturgie im Rahmen der den Laien zukommenden Funktionen Vgl. *Rahmenstatut für Gemeinderef.* (s. Anm. 32) S. 8; Rahmenstatut für Pastoralref. (s. Anm. 32) S. 35.
• Taufe	• --- (vgl. aber ***Katechisten*** in der Mission!)
• Mitwirkung in der Eucharistiefeier	• *Mitwirkung in der Meßfeier*
• Austeilung der Kommunion	• *Austeilung der Kommunion*
• Krankenkommunion	• *Krankenkommunion*
• Wegzehrung für Sterbende	• *Wegzehrung für Sterbende*[34]
• Trauung	---
• Begräbnisfeier	• Begräbnisfeier (bisher nicht in allen Diözesen)
• Wortgottesdienste	• Wortgottesdienste

---

[34] Die genannten Aufgaben der Gemeinde- und Pastoralreferentinnen ergeben sich aus ihrem Dienst als Kommunionhelferinnen: vgl. *Die Beauftragung von Lektoren, Akolythen und Kommunionhelfern* ... in den katholischen Bistümern des deutschen Sprachgebietes. Hg. im Auftrag der Bischofskonferenzen Deutschlands, Österreichs und der Schweiz und der Bischöfe von Bozen-Brixen und Luxemburg. Einsiedeln u.a. 1974, 57f.

• Sakramentalien (Haussegnung etc.) Vgl. Rahmenordnung für Ständige Diakone (s. Anm. 32) S. 10.	• „Sakramentalien“: → Haussegnung → Segensfeiern anläßlich einer Geburt → Aschenritus → Blasiussegen[35]

Fazit

Für Aufgaben, welche zwar auf die Liturgie hingeordnet sind, aber naturgemäß außerhalb derselben erfolgen (Arbeit mit Liturgiekreisen, Sakramentenkatechese etc.), sind ebenfalls keinerlei Unterschiede erkennbar. Lediglich bezüglich des Dienstes in der Liturgie selbst scheint es auf den ersten Blick größere Differenzen zu geben. Bei näherem Zusehen indessen wird dieser Eindruck rasch korrigiert. Während die Angaben für den Diakon nämlich vergleichsweise detailliert erfolgen, wird im Blick auf die Gemeinde- und Pastoralreferentinnen so formuliert: *„Mitwirkung bei der Liturgie im Rahmen der den Laien zukommenden Dienste“*.[36] Sobald man diese pauschale Umschreibung – wie in der obigen tabellarischen Übersicht geschehen – an Hand der Liturgiebücher und sonstiger offizieller Richtlinien unserer Kirche entsprechend konkretisiert, wird sofort deutlich, wie groß die Ähnlichkeit zwischen dem Dienst als Diakon und demjenigen als Gemeinde- bzw. Pastoralreferentin auch bezüglich der Aufgaben innerhalb des gottesdienstlichen Bereiches selbst ist. Das betrifft u.a. den Dienst in der Verkündigung, als Kommunionhelfer (somit einschließlich Krankenkommunion und Wegzehrung für Sterbende), die Leitung von Wortgottesdiensten, in manchen Diözesen auch die Leitung von Begräbnisfeiern und so fort.

---

35 Die oben genannten Aufgaben bezüglich der Feiern von „Sakramentalien“ ergeben sich aus der sinngemäßen Anwendung jener Kriterien, welche im *Benediktionale* formuliert sind: vgl. oben S. 11 sowie *Karl-Heinz Selge*, Laien als amtliche Seelsorger in der Pfarrei? In: AnzSS 103 (1994) 581-585, vor allem die tabellarische Synopse einschlägiger Bestimmungen des *CIC* von *1983* bezüglich der Befugnisse von Diakonen einerseits und Laien im pastoralen Dienst andererseits (ebd. 582).

36 *Rahmenstatut für Gemeinderef.* (s. Anm. 32) S. 8; *Rahmenstatut Pastoralref.* (s. Anm. 32) S. 35.

Also: Recht besehen, gibt es Unterschiede lediglich insofern, als Diakone eben auch befugt sind zu taufen und zu trauen. Aber was diesbezüglich – wie schon erörtert – im Hinblick auf Diakone zu berücksichtigen ist, bedarf für Gemeinde- und Pastoralreferentinnen im gleichen Sinn der Klärung. Und bezüglich der Predigt gilt: Auch Laien – also Gemeinde- und Pastoralreferentinnen – sind befugt zu predigen, etwa in Wortgottesdiensten oder Andachten. Lediglich für die Meßfeier gilt neuerdings die merkwürdige Einschränkung: Eine Predigt durch Laien darf nicht erst nach dem Evangelium, sondern muß schon im Rahmen der Eröffnung der Messe erfolgen. Wie unsachgemäß diese nunmehrige Regelung ist, braucht hier nicht weiter erörtert zu werden. An der Sache selbst, also daran, daß auch Gemeinde- und Pastoralreferentinnen Predigtbefugnis haben, ändert sie ohnehin nichts.[37] Eine Predigt bleibt doch, was sie ist: ob sie nun schon im Rahmen der Eröffnung einer Feier oder erst im Anschluß an das Evangelium gehalten wird.

2.3 Zusammenfassung

Es bleibt festzuhalten: Der Dienst der Gemeinde- und der Pastoralreferentinnen ist zweifellos ein diakonaler Dienst, also eine Form des Diakonates!

3. Was eigentlich ist „Weihe“?

Gegen die eben formulierte Zusammenfassung könnte jemand einwenden, daß Gemeinde- und Pastoralreferentinnen sich von Diakonen dennoch grundlegend unterscheiden, insofern sie ja nicht „geweiht“, also nicht ordiniert sind. Dieser Einwand ist kurz zu erörtern.

3.1 Der altüberkommene Grundsatz: keine Indienstnahme ohne Anbetung Gottes!

Für die Übergabe und Übernahme von Diensten bzw. Ämtern gibt es in allen gesellschaftlichen Bereichen geprägte Formen. Das trifft selbst-

---

[37] Vgl. *Matthäus Kaiser*, Laie und Laienrecht im CIC/1983. In: ThGl 78 (1988) 366-396, hier 383-396.

verständlich auch auf unsere Kirche zu, allerdings mit einem markanten Unterschied: Was in anderen gesellschaftlichen Bereichen beispielsweise in Vertragsform (sei es mündlich oder schriftlich), durch Ernennung sowie Überreichung und Entgegennahme einer entsprechenden Urkunde oder etwa durch Vereidigung geschieht, dem gibt die Kirche *gottesdienstliche* Gestalt. Dazu ist mehreres festzuhalten.

1) Soweit Quellen zurückführen, wird dokumentiert: Sogar *ehrenamtliche* Formen pastoralen Dienstes (also Lektorat und Akolythat bzw. Kommunionhelferdienst etwa) werden nur innerhalb einer gottesdienstlichen Feier übertragen bzw. übernommen. Übrigens sehen dies unsere liturgischen Bücher auch heute noch so vor.[38] Erst recht freilich gilt solches für die „traditionellen" Formen *hauptamtlichen* pastoralen Dienstes, also für Episkopat, Presbyterat und Diakonat.[39]
2) Nicht minder kennzeichnend ist: Die betreffende Liturgie gibt dabei jeweils nicht etwa bloß einen Rahmen ab. Es ist anders: Die jeweilige *Indienstnahme selbst* erfolgt auf gottesdienstliche Weise, ist *selbst* eine Form von Liturgie.
3) Woraus besteht eine solche *Liturgie der Indienstnahme*? Sie ist immer eine *Gebets*-Handlung: Die versammelte Kirche wendet sich Gott zu; sie dankt ihm, weil sie – mit der von ihr vorgenommenen Wahl – einen Kandidaten gefunden hat, der für den betreffenden Dienst taugt und zu dessen Übernahme bereit ist, und sie bittet Gott, dem Kandidaten jene Geistesgaben zu verleihen, welche er zur rechten Ausübung des betreffenden Dienstes braucht. Dies ist die grundlegende Weise, in der unsere Kirche jemandem pastoralen Dienst überträgt:[40]

---

[38] Vgl. *Die Beauftragung der Lektoren und der Akolythen.* Die Aufnahme unter die Kandidaten für das Weihesakrament. Pontifikale III. Handausgabe mit pastoralliturgischen Hinweisen. Hg. von den Liturgischen Instituten Salzburg, Trier, Zürich. Freiburg 1994. – Bezüglich der Kommunionhelfer vgl. *Die Beauftragung von Lektoren, Akolythen und Kommunionhelfern* ... 1974 (s. Anm. 34) 57ff.

[39] Vgl. *Die Weihe des Bischofs* ... (s. Anm. 1).

[40] Vgl. *August Jilek,* Dienst und Amt in der Kirche. In: Wo Gott uns berührt. Der Lebensweg im Spiegel der Sakramente. Hg. v. *Jürgen Hoeren.* Freiburg 1993, 111-131, hier 122-127.

Bestellung zum (= Indienstnahme für) pastoralen Dienst: **ein Vorgang in *zwei* Etappen**		
1. Etappe	→	**2. Etappe**
↓		↓
Wahl des Kandidaten	→	**Liturgie** **= Anbetung Gottes ob der erfolgten Wahl** [= gläubige Feier der Wahl]

Handelt es sich um eine *ehrenamtliche* Dienstform, so nennen wir die betreffende Liturgie *Institutio* bzw. *Beauftragung*. Handelt es sich um eine *hauptamtliche* Dienstform, so sprechen wir von *Ordinatio(n)*: „Weihe" ist hierfür zwar eine gewohnte, aber eher ungeeignete deutschsprachige Bezeichnung, weil sie unzutreffende Unterscheidungen und daher auch problematische Assoziationen nahelegt; dem einfachen Wortsinn von *Ordinatio(n)* entsprechend wäre zum Beispiel besser von *Indienstnahme*, von *Bestellung zu einem Dienst* oder etwa von *Einsetzung in einen Dienst* zu sprechen.[41]

4) Die Gebetshandlung, welche die versammelte Kirche anläßlich einer *Beauftragung* oder einer *Indienstnahme* vollzieht, erfolgt immer in worthafter und symbolischer Gestalt:

***Gebets*-Handlung** anläßlich einer Beauftragung oder Indienstnahme	
↓	↓
Worthaft	**Symbolisch**

---

[41] Leider hat man sich weder für die Übersetzung der Konzilsdokumente (wie die obigen Zitate zeigen) noch für die seither erarbeiteten deutschsprachigen Liturgiebücher dazu entschließen können, für die lateinische Bezeichnung *„ordinatio"* eine treffendere deutsche Übersetzung zu wählen als *„Weihe"*: Die nunmehrige Neuauflage des entsprechenden deutschsprachigen Faszikels des Pontifikale trägt den Titel *„Die **Weihe** des Bischofs, der Priester und der Diakone"*, während das gesamtkirchliche Ritusbuch treffend mit *„De **Ordinatione** Episcopi, Presbyterorum*

5) Im Fall von Lektoren und Akolythen besteht die Symbolhandlung in der Überreichung der Heiligen Schrift bzw. in der Überreichung einer Schale mit Brot und eines Gefäßes mit Wein[42], im Fall der Indienstnahme als Bischof, Presbyter oder Diakon in der Auflegung der Hände (siehe nächste Seite!):[43]

Symbolische Gebets-Handlung
anläßlich einer Beauftragung oder Indienstnahme

↓		
Hauptamtlich:	**Ehrenamtlich:**	
↓	↓	↓
Handauflegung	**Überreichung der Heiligen Schrift**	**Überreichung einer Schale mit Brot und eines Gefäßes mit Wein**
↑	↑	↑
Bischof, Presbyter, Diakone	***Lektoren***	***Akolythen (Kommunion-helferinnen?)***[44]

et Diaconorum" überschrieben ist (s. Anm. 1). – Gleiches ist im *CIC* zu beobachten: Wo die lateinische Ausgabe von *„Ordo" und „Ordinatio"* spricht, liest man in der deutschsprachigen regelmäßig *„Weihe":* vgl. *CIC 1983,* cc. 1008-1054.

42 Vgl. *Apostolische Überlieferung* 11: LWQF [5]39,30f; FC 1,242f.; *Die Beauftragung der Lektoren und der Akolythen* ... (s. Anm. 38) S. 21.27.

43 Vgl. *Die Weihe des Bischofs* ... (s. Anm. 1) S. 37.59.84.108.140.164.

44 Im Gegensatz zur Bestellung von Akolythen unterbleibt bei der Beauftragung von Kommunionhelferinnen die Überreichung einer Schale mit Brot und eines Gefäßes mit Wein: vgl. *Die Beauftragung von Lektoren, Akolythen und Kommunionhelfern* ... 1974 (s. Anm. 34) 57ff. Dies gehört zu jenen Merkwürdigkeiten und Inkonsequenzen, auf die auch *Hans B. Meyer* aufmerksam macht: vgl. *ders.,* Liturgischer Leitungsdienst durch Laien. In: HlD 47 (1993) 173-201, hier 180ff. – Nicht weniger absonderlich ist dies: Die nunmehrige Neuauflage des Ritusbuches für die Beauftragung von Lektoren und Akolythen enthält – im Gegensatz zum Vorgängerbuch aus dem Jahr 1974 (s. Anm. 34) – kein Formular für die Beauftragung von Kommunionhelferinnen bzw. Kommunionhelfern. Daß es solche und eine entsprechende gottesdienstliche Feier der Indienst-

3.2 Indienstnahme von Gemeinde- und Pastoralreferentinnen

Wenden wir uns nun wieder den Gemeinde- und Pastoralreferentinnen zu. Gewiß, an ihnen wird bisher die herkömmliche Form der Diakonenordination nicht vollzogen; in den Anfangsjahren dieser neuen Formen hauptamtlichen pastoralen Dienstes sind manche Gemeinde- und Pastoralreferenten sogar ohne jede gottesdienstliche Feier in Dienst genommen worden. Dies hat sich in beachtenswerter Weise geändert. Inzwischen ist es nämlich die Regel, daß – man muß freilich sagen: selbstverständlich! – auch die Indienstnahme von Gemeinde- und Pastoralreferenten in liturgischer Weise erfolgt, also gottesdienstlich gefeiert wird. Dies geschieht im Rahmen einer Meßfeier, welcher der Diözesanbischof oder ein von diesem Beauftragter vorsteht, und zwar im Anschluß an die Homilie und mit folgenden Elementen:

- *Aufruf und Bereitschaftserklärung der Kandidatinnen und Kandidaten für den Dienst als Gemeinde- bzw. Pastoralreferenten*
- *Glaubensbekenntnis*
- *Gebet über den Kandidatinnen und Kandidaten*
- *Sendung durch den Bischof*[45]

Und wie wird dabei gebetet? Zum Beispiel so:

„Gütiger Gott,
du Ursprung des Lichtes,
in deinem eingeborenen Sohn
hast du uns das Wort des Lebens gesandt,
um uns Menschen das Geheimnis deiner Liebe zu enthüllen.

---

nahme überhaupt gibt, ist nur einem sehr versteckt angebrachten Hinweis im Anhang des Buches zu entnehmen: vgl. *Die Beauftragung der Lektoren und der Akolythen* ... (s. Anm. 38) 43.

[45] So z.B. am 2. Juli 1988 im Dom zu Mainz und – mit nur geringfügig anderer Abfolge der Elemente – am 27. August 1988 im Dom zu Trier. Quellen: *Handblatt zur Sendungsfeier 2. Juli 1988 im Dom zu Mainz* S. 7-9; *Handblatt zur Sendungsfeier 27. August 1988 im Dom zu Trier* S. 9-10. – Vgl. auch den Beitrag von *Guido Bausenhart* im vorliegenden Band S. 9-37, bes. 25ff.

Segne + unsere Schwestern und Brüder,
die bereit sind, als Gemeindereferentinnen und Gemeindereferenten
im Dienst deines Sohnes zu stehen.

Gib, daß sie sich ganz einsetzen,
laß sie im Glauben, in der Hoffnung und in der Liebe wachsen
zum Aufbau der Kirche
und sei mit ihnen auf ihrem Weg,
in ihren Freuden und in ihren Nöten.

Darum bitten wir durch Jesus Christus, unseren Herrn."[46]

Es ist gar nicht zu übersehen: In den eben geschilderten Beispielen erfolgt die gottesdienstliche Feier der Indienstnahme von Gemeinde- und Pastoralreferenten in einer Weise bzw. mit Elementen, die auch für die Liturgie der Ordination von Bischöfen, Presbytern und Diakonen typisch sind: Bereitschaftserklärung der Kandidaten zum Dienst und Gebet über den Kandidaten![47]

Gewiß, eine Differenz zur Liturgie der Diakonenweihe ist noch geblieben: Die geschilderten Feiern der Indienstnahme von Gemeinde- und Pastoralreferenten erfolgen ohne Handauflegung und werden insofern dem diakonalen Charakter und Stellenwert dieser Dienste noch nicht ganz gerecht.

Andererseits ist auf einen Fortschritt aufmerksam zu machen, der gar nicht hoch genug bewertet werden kann. In der geschilderten Form der Indienstnahme von Gemeindereferenten erfolgt nämlich nicht nur die gottesdienstliche Feier – mit dem betreffenden Gebet als Kernelement –, sondern auch die kanonische Sendung (im obigen Beispiel *„Sendung durch den Bischof"* genannt) innerhalb einer Versammlung der Kirche. Mehr noch: Gottesdienstliche Feier der Indienstnahme und kanonische Sendung sind Elemente *ein und derselben* Versammlung, *ein und derselben* Liturgie, und so *unmittelbar miteinander verbunden.* Dies bedeutet einen bemerkenswerten Fortschritt gegenüber der Indienstnahme von Diakonen und Presbytern: Bei diesen nämlich stellen Ordination als gottesdienstliche

---

[46] Aus: *Handblatt zur Sendungsfeier ... im Dom zu Mainz* (s. Anm. 45) S. 8; vgl. auch das entsprechende Gebet im *Handblatt zur Sendungsfeier ... im Dom zu Trier* (s. Anm. 45) S. 10.

[47] Vgl. *Die Weihe des Bischofs ...* (s. Anm. 1) S. 30-32.37-41 u.ö.

Feier einerseits und kanonische Sendung andererseits immer noch zwei sowohl zeitlich recht weit voneinander abgesetzte als auch in der Form völlig verschiedene Vorgänge dar.

Notabene

Vor diesem Hintergrund erweist sich die oftmals vertretene These, die Dienstformen der Gemeinde- und Pastoralreferentinnen gründeten in Taufe und Firmung, als recht merkwürdig. Zum *einen* ist damit ja nur eine Selbstverständlichkeit ausgesagt: Nur wer der Kirche angehört, also nur wer getauft und gefirmt ist, kann einen pastoralen Dienst übertragen bekommen. Das gilt für herkömmliche Formen ehrenamtlicher (Lektoren und Kommunionhelferinnen) und hauptamtlicher Dienste (Bischof, Presbyter, Diakone) ebenso wie nunmehr natürlich auch für Gemeinde- und Pastoralreferentinnen. Zum *anderen* ist festzuhalten: Mit Taufe und Firmung erfolgt Eingliederung in die Kirche, aber nicht Beauftragung mit einem besonderen Dienst in dieser Kirche. Auch dies gilt gleichermaßen für alle eben genannten (alten wie neuen) Formen pastoralen Dienstes. Mit anderen Worten: Die Dienste als Gemeinde- bzw. Pastoralreferentinnen sind nicht bloß Ausfaltungen oder besondere Formen des Allgemeinen Priestertums aller Gläubigen. Es bedarf zu ihrer Ausübung vielmehr genauso einer besonderen Form kirchlicher Bestellung wie für Episkopat, Presbyterat und Diakonat. Wie die obigen Beispiele zeigen, wird es inzwischen denn auch weithin entsprechend praktiziert.

4. Ausblick

In der Wiedergewinnung des Diakonates als eines wirklichen pastoralen Dienstes und in der Verwurzelung seiner neuen Formen – also der Dienste als Gemeinde- und Pastoralreferentinnen – hat es in den zurückliegenden Jahren zum Teil beträchtliche Fortschritte gegeben. Wieweit diese von Dauer sein werden, muß sich freilich erst erweisen. Daher sei abschließend und lediglich kursorisch an einige Faktoren erinnert, denen dabei wohl besondere Bedeutung zukommt.

4.1 Diakonale Dienste: nur als „Sprungbrett“ und nur „auf Zeit“?

Der Diakonat wird nur Bestand haben, wenn diejenigen, die in dieser Dienstform tätig sind, ihn so betrachten und so wahrnehmen, daß deutlich wird: Der Diakonat ist keine „Defizit“-Einrichtung, sondern eine Form des *einen* pastoralen Dienstes, die man – wie den Episkopat oder den Presbyterat auch – ein Leben lang mit Freude ausüben kann. So wenig es einen Mangel darstellt, wenn ein Lehrer nicht Rektor wird, so wenig bedeutet es ein Defizit, wenn ein Diakon nicht Presbyter oder Bischof wird. Vergleichbares gilt für Gemeinde- und Pastoralreferentinnen.

Dem steht u.a. entgegen: Die immer wieder angestoßene Diskussion um Veränderung der Zulassungsbedingungen zum Presbyterat enthält zwar viele richtige Aspekte, ist aber immer noch viel zu sehr von alten Engführungen und der einseitigen Einschätzung des presbyteralen Dienstes als *der* kirchlichen Dienstform schlechthin bestimmt. Viel wird davon abhängen, ob – sofern es einmal entsprechende Veränderungen gibt – der Diakonat sich bei dem dann zu erwartenden „Sog“ in die presbyterale Dienstform behaupten kann. Das wird zum einen an jenen liegen, die bis anhin als Diakone oder als Gemeinde- bzw. Pastoralreferenten tätig sind. Viel wird aber auch davon abhängen, ob es dann – endlich – so sein wird, daß nur solche zu Presbytern bestellt werden, die sich zuvor in einer diakonalen Dienstform hinreichend lang bewährt und dabei auch ein überzeugendes Maß an Tauglichkeit für das presbyterale Leitungsamt erwiesen haben. Übrigens werden damit diakonale Dienste keineswegs wieder zur bloßen Vorstufe auf dem Weg zum Presbyterat degradiert; auch der Dienst als Lehrer ist ja nicht bloß die Wartestufe auf die Beförderung zum Rektor. Wohl aber wird in der Regel nur Rektor, wer sich zuvor als Lehrer entsprechend bewährt hat.

Dem Diakonat abträglich ist ferner, daß diese Dienstform in der Priesterausbildung vieler Diözesen immer noch kaum mehr als eine bloße Durchgangsstufe darstellt. Insofern ist auch die Unterscheidung zwischen „Diakonat“ und „Ständigem Diakonat“ fragwürdig. Salopp formuliert: Für die einen ist die Bestellung zum Diakon lediglich eine „Durchzugsstraße“, für die anderen hingegen eine Sackgasse. Soll das so bleiben?

4.2 Weder Klerikalismus noch Laizismus

Ein Bild möge die Problematik anzeigen: Zu Beginn der sonntäglichen Meßfeier zieht der Diakon mit dem Presbyter ein und hat auch während der ganzen Feier seinen Ort im Chor, also im Altarraum. So ist es auch richtig. Der Gemeinde- oder der Pastoralreferent hingegen sitzt im Kirchenschiff, kommt (und zudem ohne liturgisches Kleid) zum Predigen an den Ambo und kehrt wieder ins Kirchenschiff zurück, kommt zum Austeilen der Kommunion ein weiteres Mal in den Altarraum und kehrt wieder ins Kirchenschiff zurück. Darf man sich wundern, wenn Pfarrgemeinden den Dienst von Gemeinde- oder Pastoralreferenten völlig anders zuordnen und einschätzen als jenen von Diakonen? Wer die liturgischen Bücher befragt, wird rasch entdecken: Diese setzen voraus, daß Gemeinde- und Pastoralreferenten ihren Dienst in ähnlicher Form wahrnehmen wie Diakone. Niemand möge sagen, es handle sich hierbei lediglich um sogenannte „Äußerlichkeiten“. Statt dessen wäre zu prüfen, inwieweit sowohl klerikalistische wie auch laizistische Voreingenommenheiten im Spiele sind.

Manche Diakone haben ihre theologische Ausbildung auf dem Dritten Bildungsweg erlangt, manche sind als „Diakone mit Zivilberuf“ tätig. Der Bereicherung und den Vorteilen, die sich aus solchen Gegebenheiten für den pastoralen Dienst ergeben, können auch Nachteile gegenüberstehen. Es kann u.a. zu einseitiger Profilierung gottesdienstlicher Aufgaben (sozusagen zu „Liturgizismus“) führen oder auch dazu, „Weihe“ (auf seiten der Diakone, überdies verbunden mit der Befugnis zur Leitung von Tauf- und Trauungsfeiern) einerseits und größere theologische Kompetenz (auf seiten von Gemeinde- und Pastoralreferenten, aber ohne Befugnis zu taufen und zu trauen) andererseits gegeneinander auszuspielen.

4.3 Frauen als Diakoninnen?

In erheblicher Zahl sind Frauen als Gemeinde- und Pastoralreferentinnen tätig. Vor dem Hintergrund der obigen Beobachtungen ist daher festzuhalten: Die Frau als Diakonin ist de facto seit Jahren Wirklichkeit. Daß dies nicht hinreichend bemerkt wird, hängt nicht nur, aber auch mit der eben angesprochenen Problematik zusammen:

Zu viele der betreffenden Frauen nehmen vor allem ihren Dienst innerhalb der Liturgie nicht in der entsprechenden Form wahr, obwohl die liturgischen Bücher unserer Kirche dies doch ausdrücklich vorsehen. Teils beruht dies auf eigener Entscheidung der betreffenden Frauen selbst, teils auf entsprechenden, aber (wie man unmißverständlich anmerken muß) widerrechtlichen (!) Vorgaben bzw. Einschränkungen durch Presbyter.

Eine beträchtliche Rolle spielt ferner, daß die Diskussion um die Ordination von Frauen zu lange und zu sehr im Hinblick auf den Presbyterat geführt und teils immer noch von dieser verengten Perspektive dominiert wird.[48] Erneuerung aber geschieht nicht durch Grundsatzdebatten, die man je neu vom Zaun bricht, sondern durch verantwortete Praxis, die den bereits gegebenen Handlungsspielraum wahrnimmt und beharrlich ausschöpft. Dieser legitime und schon lange vorhandene Spielraum ist deutlich größer als die bisherige Praxis und diesbezügliche Diskussionen vermuten lassen. In dem Maß, in welchem dieser Spielraum ausgeschöpft wird, erledigen sich manche Probleme, die in den Grundsatzdebatten unüberwindlich scheinen, fast von selbst; für andere wiederum, die auch dann noch bleiben, wird eine tragfähige Lösungsgrundlage geschaffen.

---

[48] Vgl. hierzu auch *Karl Lehmann*, „In allem wie das Auge der Kirche". 25 Jahre Ständiger Diakonat in Deutschland – Versuch einer Zwischenbilanz. In: LebZeug 48 (1993) 175-191, hier 185-191.

Peter Walter

Vorsteher der Eucharistie und Gemeindeleitung

Theologische und praktische Überlegungen

1. Die Fragestellung

Die Frage, ob das Amt der Leitung einer Gemeinde mit demjenigen des Vorstehers der Eucharistie verbunden sein muß oder nicht, wird gegenwärtig vor allem unter dem Aspekt des Priestermangels diskutiert. Es werden Überlegungen angestellt, ob und wie die in immer geringerer Zahl verfügbaren Priester bei der Wahrnehmung der Aufgabe der Gemeindeleitung entlastet werden können. Mit Berufung auf das Kirchenrecht[1] spielt man Modelle durch, die, bei allen Unterschieden im einzelnen, darauf hinauslaufen, daß ein Priester zwar de iure Pfarrer einer oder mehrerer Gemeinden ist, die Aufgabe der Gemeindeleitung de facto aber in sehr differenzierter Weise wahrgenommen wird, etwa durch „Bezugspersonen" in sog. priesterlosen Gemeinden oder durch ein Pastoralteam, in dem u.U. ein Priester die „Moderation" innehat, der gar nicht in einer der Gemeinden, sondern in der kategorialen Seelsorge tätig ist[2].

Die Perspektive des Priestermangels sieht das Problem aber nur von einer Seite. Da die Zahl der Theologiestudierenden mit dem Ziel eines pastoralen Berufes jahrelang gestiegen ist, mußte sich früher oder später die Frage stellen, ob diese entsprechend ihrer Qualifika-

---

1 Eine zentrale Rolle spielt dabei CIC can. 517 § 2: „Wenn der Diözesanbischof wegen Priestermangels glaubt, einen Diakon oder eine andere Person, die nicht die Priesterweihe empfangen hat, oder eine Gemeinschaft von Personen an der Wahrnehmung der Seelsorgsaufgaben einer Pfarrei beteiligen zu müssen, hat er einen Priester zu bestimmen, der, mit den Vollmachten und Befugnissen eines Pfarrers ausgestattet, die Seelsorge leitet (curam pastoralem moderetur)."

2 Vgl. z.B. die entsprechenden Erlasse des Bistums Limburg aus dem Jahre 1991: AKathKR 160 (1991) 532-536.

tion auch die Leitung einer Gemeinde übernehmen können. Auf der Ebene der Deutschen Bischofskonferenz hat man sich zwar sehr früh darum bemüht, die Tätigkeitsbereiche von ordinierten und nichtordinierten Mitarbeiterinnen und Mitarbeitern in der Seelsorge gegeneinander abzugrenzen[3], der nicht zu leugnende Notstand aber gibt solchen Bemühungen, ganz abgesehen von ihrer theologischen Schlüssigkeit[4], einen recht akademischen Anstrich.

Mit den Überlegungen zu einer Entkoppelung von Eucharistievorsitz und Gemeindeleitung verbindet sich schließlich die Hoffnung auf eine Entklerikalisierung der Gemeindeleitung ebenso wie die einer größeren Aktivierung der Gemeinde, die endlich ihr Subjektsein wahrnehmen kann. Vor Ort wird dementsprechend vieles pragmatisch geregelt, theologische Überlegungen werden oft als unnötiger Ballast empfunden. Gerade deshalb sollen hier zunächst einige grundsätzliche theologische Gesichtspunkte aufgezeigt werden, die das Problem in einem weiteren Kontext sehen lassen[5]. Denn es beinhaltet nicht allein amts- oder eucharistietheologische Teilaspekte, sondern, insofern es um die Leitung einer Gemeinde geht, auch einen ekklesiologischen Horizont, dessen Beachtung für eine adäquate Beantwortung unserer Frage unerläßlich ist.

---

[3] Vgl. Zur Ordnung der pastoralen Dienste, hrsg. vom Sekretariat der Deutschen Bischofskonferenz, Bonn 1977.

[4] Peter Hünermann hat z. B. sehr bald kritisiert, daß der faktisch von Laien in der Pastoral geleistete Dienst sich nicht nur, wie es das in Anm. 3 genannte Dokument sieht (vgl. a.a.O. S. 17), vom „Weltauftrag" der Laien herleitet, sondern auch spezifische Aufgaben des Gemeindeaufbaus und der Gemeindeleitung umfaßt. Vgl. P. Hünermann: Ordo in neuer Ordnung? Dogmatische Überlegungen zur Frage der Ämter und Dienste in der Kirche heute, in: Der Priestermangel und seine Konsequenzen. Einheit und Vielfalt der kirchlichen Ämter und Dienste, hrsg. von Ferdinand Klostermann (= Schriften der Katholischen Akademie in Bayern 79), Düsseldorf 1977, 58-94, hier: 85-90.

[5] Vgl. dazu auch die ausführlicheren Darlegungen des Verfassers: Gemeindeleitung und Eucharistiefeier. Zur theologischen Ortsbestimmung des Amtes, in: Kirche und Theologie im kulturellen Dialog. Für Peter Hünermann, hrsg. von Bernhard Fraling, Helmut Hoping, Juan-Carlos Scannone, Freiburg-Basel-Wien 1994, 378-391.

2. Gemeinde – Eucharistie – Amt

Beginnt man die Überlegungen mit dem Eucharistievorsitz, so gilt nach katholischer Lehre, daß die Aufgabe, der Eucharistiefeier vorzustehen, den Empfang eines amtlichen, durch die Ordination vermittelten Auftrags voraussetzt. Dies betrifft sowohl den Bischof, von dem hier nicht in erster Linie zu handeln ist, als auch den Priester. Jeder zum Priester Geweihte kann überall den Vorsitz in der Eucharistiefeier übernehmen, ohne daß es einer weiteren jurisdiktionellen Maßnahme bedarf. Gemeindeleiter bzw. – in traditioneller Sprache – Pfarrer in dem Sinn, daß ihm die verantwortliche Seelsorge in einem umgrenzten Territorium oder an einer bestimmten Personengruppe einschließlich des Vorsitzes der mit der entsprechenden Gemeinde zu feierenden Eucharistie anvertraut wäre, ist er damit allerdings noch nicht. Dazu bedarf es eines eigenen jurisdiktionellen Aktes von seiten der dafür zuständigen Autorität, normalerweise des Bischofs. Dies kann den Anschein erwecken, die Priesterweihe beziehe sich nur auf die Möglichkeit, Eucharistiefeiern vorzustehen, während die Beauftragung mit der Leitung einer bestimmten Gemeinde ein rein rechtlicher Akt sei.

Wenn man mit der Eucharistiefeier einsetzt, ist festzustellen, daß die traditionelle Fixierung auf das Gegenüber von Priester und einzelnen Gläubigen bisweilen noch immer, zumindest unterschwellig, die Situation bestimmt. In manchen Gemeinden wird sehr viel dafür getan, ein hohes Meß-Angebot aufrechtzuerhalten, damit die Gläubigen zu den ihnen passenden Zeiten ihre Sonntagspflicht erfüllen können, möglichst noch unter Berücksichtigung aller möglichen Gruppeninteressen. Priester, die man dazu engagieren kann, stehen, trotz Priestermangel, gerade in der Nähe einer Bischofs- und Universitätsstadt mit einem immer noch hohen entsprechenden Potential, zur Verfügung. Das Verständnis der Eucharistiefeier, welches hier zutage tritt, konzentriert sich, überspitzt ausgedrückt, auf Seiten des Priesters auf die Vollmacht zu konsekrieren, auf Seiten der Gläubigen auf die Pflichterfüllung bzw. die individuelle Befriedigung religiöser Bedürfnisse[6]. Die ekklesiale Dimension der

[6] Das IV. Laterankonzil (1215), welches nicht nur in dieser Frage für lange Zeit die Weichen gestellt hat, bringt diese beiden Aspekte, wenn auch in unterschiedlichen Texten treffend zum Ausdruck: In bezug auf das Sakrament der Eucharistie wird gesagt, daß nur der gültig geweihte Priester es

Eucharistiefeier wie des Amtes kommt dabei nur ungenügend in den Blick.

Bereits das Neue Testament macht jedoch deutlich, daß die Eucharistie nicht einfach die individuelle Begegnung mit dem Herrn beinhaltet, sondern wesentlich eine ekklesiale, geradezu kirchenkonstituierende Dimension hat: „Ist der Kelch des Segens, über den wir den Segen sprechen, nicht Teilhabe [*koinonia*] am Blut Christi? Ist das Brot, das wir brechen, nicht Teilhabe [*koinonia*] am Leib Christi? *Ein* Brot ist es. Darum sind wir viele *ein* Leib; denn wir alle haben teil [*metechomen*] an dem einen Brot" (1 Kor 10, 16f.). Die christliche Gemeinde als Kirche vor Ort ist somit wesentlich durch die Feier der Eucharistie konstituiert[7], auch wenn ihre Aktivitäten sich nicht darin erschöpfen können und dürfen. Die wöchentliche Versammlung der Gemeinde am Herrentag ist der privilegierte Anlaß für die Eucharistiefeier, der später durch die Ausweitung von solchen Anlässen, v.a. im Rahmen des Totengedächtnisses, in Gefahr geriet, in den Hintergrund zu treten[8]. Das Idealbild der Eucharistiefeier, welches das II. Vatikanische Konzil im Anschluß an die altkirchliche Praxis zeichnet[9], ist, nach und neben der Eucharistiefeier des Bischofs mit dem Presbyterium und den Gläubigen in der Kathedralkirche, die sonn-

---

zustandebringen kann (hoc utique sacramentum nemo potest conficere, nisi sacerdos, qui rite fuerit ordinatus: DH 802), in bezug auf die Gläubigen ist allein vom Empfang der Eucharistie die Rede (suscipiens reverenter ad minus in Pascha Eucharistiae sacramentum: DH 812).

7 Vgl. dazu Anton Thaler: Gemeinde und Eucharistie. Grundlegung einer eucharistischen Ekklesiologie (= Praktische Theologie im Dialog 2), Freiburg/Schweiz 1988.

8 So, die Forschung zusammenfassend, Hans Bernhard Meyer: Eucharistie. Geschichte, Theologie, Pastoral. Mit einem Beitrag von Irmgard Pahl (= Gottesdienst der Kirche. Handbuch der Liturgiewissenschaft 4), Regensburg 1989, 504-512. Es braucht wohl nicht betont zu werden, daß mit dem Hinweis auf den Gemeinschaftscharakter keineswegs eine erschöpfende Beschreibung der Dimensionen der Eucharistie gegeben ist. Vgl. dazu Walter Kasper: Einheit und Vielfalt der Aspekte der Eucharistie. Zur neuerlichen Diskussion um Grundgestalt und Grundsinn der Eucharistie, in: ders.: Theologie und Kirche, Mainz 1987, 300-320.

9 Vgl. SC 41f., LG 26. 28. Vgl. dazu H.B. Meyer (wie Anm. 8) 363-369 (Aufgaben und Dienste), 369-377 (Gemeindliche Meßfeiern und Meßfeiern in Gruppen).

tägliche Eucharistiefeier der Gemeinde mit ihrem Pfarrer unter Mitwirkung der verschiedenen Dienste.

3. Amt als Gemeindeleitung und Eucharistievorsitz

Dem gemeindeleitenden Amt ist sein besonderer Bezug zur Eucharistie nicht zufällig erwachsen, sondern gerade von seiner Leitungsfunktion in der Gemeinde her. Das Neue Testament läßt aufs Ganze gesehen keinen Zweifel daran, daß es in den frühen Gemeinden Leiter gegeben hat. Auch wenn diese mit Begriffen bezeichnet werden, die nicht aus dem kultischen (Priester), sondern dem gesellschaftlich-organisatorischen Bereich stammen (Aufseher, Diener, Älteste), kann wohl nicht bestritten werden, daß zu ihren Aufgaben auch die Leitung der Eucharistiefeier gehörte. So dürfte es kein Zufall sein, daß das Lukasevangelium Jesu Wort vom Herrschen und vom Dienen (Lk 22, 24-27; vgl. Mt 20, 24-28; Mk 10, 41-45) in die Abendmahlstradition integriert hat (im Anschluß an Lk 22, 14-23) und im Unterschied zu der in den beiden anderen synoptischen Evangelien überlieferten Fassung nicht den „Ersten" (protos) vom „Sklaven" (doulos) her (vgl. Mk 10, 44; Mt 20, 27), sondern den „Leiter" (hegoumenos) vom „Diener" (diakonos) her interpretiert: „der Führende soll werden wie der Dienende" (Lk 22, 26). Daraus ergibt sich nicht nur, daß die in der Nachfolge Jesu ausgeübte Leitung Dienst ist, sondern auch, daß die Leitungsfunktion innerhalb der Gemeinde in einem inneren Zusammenhang mit der Repäsentation Jesu Christi als des eigentlichen Mahlherrn bei der Eucharistiefeier steht.

Von hierher ist es konsequent, daß in der Alten Kirche die Bestellung zur Leitung einer Gemeinde durch die Ordination geschah, womit ineins die Übertragung der für dieses Amt notwendigen Vollmacht einschließlich der Vollmacht zur Leitung der Eucharistiefeier verbunden war[10]. Diese Einheit ist später undeutlich gewor-

---

[10] In bezug auf den Bischof als Leiter einer Stadtgemeinde wird dieser Zusammenhang zwischen Gemeindeleitung und Eucharistievorsitz deutlich in der Beschreibung, die die im frühen 3. Jahrhundert entstandene „Traditio Apostolica" von der Bestellung und Ordination eines Bischofs und im Zusammenhang damit von der durch den Neugeweihten zu

den. Die sog. absolute, nicht auf eine konkrete Gemeinde hin vollzogene Ordination brachte und bringt es mit sich, daß Priester einerseits erst im Nachhinein mit einer Pfarrstelle betraut werden, daß andererseits Priester, seien es Ordensgeistliche oder seien es in der kirchlichen Verwaltung, an Hochschulen oder sonst auf übergemeindlicher Ebene Tätige, nur im Ausnahmefall Pfarrer sind, selbst wenn sie in der Seelsorge mitarbeiten. So ergibt sich, daß zwar jeder Pfarrer Priester sein muß, aber nicht jeder Priester Pfarrer ist. Auch in der theologischen Diskussion ist es nach wie vor umstritten, ob der Priester primär von seiner priesterlichen Existenz oder von seiner Funktion her zu bestimmen ist. Letztere wird heute niemand mehr rein von der Eucharistie her definieren, wie das früher weithin üblich war, aber dieser Bezug spielt nach wie vor eine entscheidende Rolle, auch wenn man die Funktion des Priesters umfassender als Verkündigungsaufgabe oder als Gemeindeleitung beschreibt[11]. Wenn man das Priesteramt von seiner Hinordnung zu einer Gemeinde her bestimmt und ihm dabei nicht nur eine reine Koordinationsaufgabe zuschreibt, sondern es umfassender und tiefer als Repräsentation des einen Hirten Jesus Christus in und gegenüber seiner Kirche versteht[12],

---

präsidierenden Eucharistiefeier gibt. Vgl. Traditio Apostolica, Kap. 2-4; jetzt bequem zugänglich in der von Wilhelm Geerlings bearbeiteten und übersetzten Fassung: Didache. Zwölfapostellehre/ Traditio Apostolica. Apostolische Überlieferung (= Fontes Christiani 1), Freiburg-Basel-Wien 1991, 215-227.

11 Vgl. etwa die unterschiedlichen idealtypischen Ansätze, die Karl Lehmann vor Jahren zusammengestellt hat: Das dogmatische Problem des theologischen Ansatzes zum Verständnis des Amtspriestertums, in: F. Henrich (Hrsg.), Existenzprobleme des Priesters (= Münchener Akademieschriften 50), München 1969, 121-175. Walter Kasper hat in der damaligen Situation konsequent die gemeindeleitende Funktion in den Vordergrund gerückt: Neue Akzente im dogmatischen Verständnis des priesterlichen Dienstes, in: Concilium 5 (1969) 164-170; Lehmann wiederum hat sich darum bemüht, den Begriff der Gemeindeleitung theologisch zu vertiefen: Zur Theologie der Gemeindeleitung, in: Pastoraltheologische Informationen 1970, hrsg. von der Leitung der Konferenz der deutschsprachigen Pastoraltheologen, Mainz 1970, 2-31.

12 Diese Perspektive entspricht auch dem Schreiben der deutschen Bischöfe über den priesterlichen Dienst vom 24. September 1992, hrsg. vom Sekretariat der Deutschen Bischofskonferenz, Bonn 1992.

dann ergibt sich mit innerer Notwendigkeit, daß der Priester als Leiter der Gemeinde auch der Eucharistiefeier dieser Gemeinde vorsteht. Versteht man den Priester aber primär von einer abstrakt betrachteten Konsekrationsvollmacht her, so läßt sich nicht recht einsichtig machen, warum zwischen Eucharistievorsitz und Gemeindeleitung eine enge Verbindung bestehen soll.

Der Blick in die Geschichte zeigt, daß es durchaus Zeiten gab, in denen Nichtpriester (sog. einfache Kleriker oder auch Laien) Inhaber einer Pfarrpfründe waren, somit die Einkünfte einer Pfarrei bezogen, die Seelsorge aber einschließlich der Eucharistiefeier durch meist schlecht besoldete Priester als Vikare ausüben ließen[13]. Solche Nichtpriester waren nur dem „Besoldungstitel“, nicht aber der ausgeübten Tätigkeit nach Pfarrer. Diese Möglichkeit ist mit dem Ende des kirchlichen Benefizienwesens unwiderbringlich dahin, die Unterscheidung aber zwischen der jurisdiktionellen und der sakramentalen Ebene, die eine solche Praxis ermöglichte, besteht, auch wenn das II. Vaticanum sie zu überwinden trachtete, nach wie vor.

Wenn heute diskutiert wird, ob Nichtpriester eine Gemeinde leiten oder an der Gemeindeleitung partizipieren können, geht es nicht primär um einen Besoldungstitel – obwohl auch diese außertheologische Frage angesichts eines derzeit sinkenden Kirchensteueraufkommens nicht ganz ausgeklammert werden kann –, sondern es geht gerade um eine seelsorgliche Tätigkeit. Diese würde, wenn man es genau nimmt, nicht aufgrund einer sakramental übertragenen Vollmacht, sondern auf der Basis einer jurisdiktionellen Beauftragung ausgeübt. Dies gilt selbst für die Diakone, die ja nicht im Hinblick auf die Gemeindeleitung ordiniert werden[14].

---

[13] Vgl. Paul Hinschius, Das Kirchenrecht der Katholiken und Protestanten in Deutschland, Bd. 2, Berlin 1878 (Nachdruck: Graz 1959) 481-483; Heinrich Schäfer, Pfarrkirche und Stift im deutschen Mittelalter. Eine kirchenrechtsgeschichtliche Untersuchung (= Kirchenrechtliche Abhandlungen 3), Stuttgart 1903, 70-78.

[14] Vgl. dazu P. Walter (wie Anm. 5) 387.

4. Konsequenzen

Es steht außer Frage, daß Seelsorge mit unterschiedlichen Voraussetzungen wahrgenommen werden kann und wahrgenommen wird, aufgrund eines durch Weihe oder sonst einen jurisdiktionellen Akt übertragenen Auftrags wie aufgrund der durch Taufe und Firmung allen Christen vermittelten Einbindung in die Sendung der Kirche[15]. Nach gemeinchristlicher Überlieferung, die auch von den aus der Reformation hervorgegangenen Kirchen geteilt wird[16], setzt eine öffentlich wahrgenommene Leitungsfunktion, sei es der Gemeinde, sei es der Eucharistie, eine amtliche Bestellung voraus. Man könnte sich zwar abstrakt vorstellen, daß beide Funktionen aufgrund eines entsprechenden Auftrags von unterschiedlichen Personen wahrgenommen werden, aber es fragt sich, ob eine solche Zweiteilung des von seinem Ursprung her einen Leitungsauftrags sinnvoll ist.

Muß nicht umgekehrt gesagt werden, daß diejenigen, welche de facto, sei es als haupt-, neben- oder ehrenamtlich tätige Laien, sei es als Diakone, eine Gemeinde leiten, durch die Ordination zu dieser Tätigkeit öffentlich zu qualifizieren sind, womit ihnen dann auch die Möglichkeit gegeben wäre, der Eucharistiefeier vorzustehen, in der das Leben der Gemeinde seine Mitte hat? Auch eine bevorzugte Übertragung von gemeindeleitenden Funktionen an Diakone bzw.

---

15 Der Hinweis darauf, daß der Priestermangel, gerade was die Aktivität der Gemeinden angeht, auch eine Chance bietet, ist so selbstverständlich und begegnet in kirchlichen Verlautbarungen so häufig, daß er hier nicht wiederholt werden muß.

16 Das Wort von der „geheime[n] Protestantisierung der Kirche“, das kein Geringerer als Karl Rahner im Blick auf die Übernahme der Gemeindeleitung durch Laien gebraucht hat (Weihe im Leben und in der Reflexion der Kirche, in: ders.: Schriften zur Theologie Bd. 14, Zürich-Einsiedeln-Köln 1980, 113-131, hier: 129f.), wird dem reformatorischen Amtsverständnis nicht gerecht. Auch wenn sie das „allgemeine Priestertum“ aller Gläubigen hervorheben, so würdigen die reformatorischen Kirchen durchaus die konstitutive Bedeutung des Amtes für Verkündigung, Sakramentenspendung und Leitung, wobei sie, um den historisch gewachsenen Exklusivitätsanspruch des Amtes zu redimensionieren, stärker dessen Funktionalität herausstreichen. Vgl. dazu etwa Ulrich Kühn: Kirche (= Handbuch Systematischer Theologie 10), Gütersloh 1980, 182-201.

eine Ordination aller in der Seelsorge tätigen Laien zu Diakonen bzw. Diakoninnen, wie sie hie und da erwogen wird, löst das Problem nicht, da das Diakonenamt, wie es vom II. Vaticanum als eigene und beständige hierarchische Stufe wiederhergestellt worden ist, gerade nicht als gemeindeleitendes Amt zu verstehen ist (vgl. LG 29).

Die gegenwärtig von vielen als unbefriedigend empfundene Situation gründet darin, daß das Priesteramt erstens an Voraussetzungen (Bereitschaft zur Übernahme des Zölibates, männliches Geschlecht) geknüpft ist, die es, zumindest in unserer gesellschaftlichen Situation, erschweren, daß Priester in ausreichender Zahl zur Verfügung stehen, und daß zweitens bei der Auswahl der Kandidaten noch immer zu wenig nach Leitungsqualitäten gefragt wird, während andere trotz gleicher theologischer Qualifikation und vorhandener Leitungsfähigkeit a priori von dieser Funktion ausgeschlossen werden, weil sie nicht bereit sind, die Zölibatsverpflichtung zu übernehmen und/oder weiblichen Geschlechtes sind.

Wohin geht die Entwicklung? Wenn die Zahl der für die Gemeinden zur Verfügung stehenden Priester weiter abnimmt, verändert sich das Priesterbild, ob man das will oder nicht. Der einzelne Priester entfernt sich, bildlich gesprochen, immer mehr von den Menschen, die zu seinen Gemeinden gehören, und gerät damit selbst zum Kirchenrecht in Widerspruch, das vom Pfarrer eine persönliche Bekanntschaft mit denen fordert, die seiner Hirtensorge anvertraut sind (vgl. CIC can. 529 § 1). Er ist immer seltener präsent, die dadurch entstehenden Leerräume werden von anderen ausgefüllt. Das mag in vielen Fällen sogar sinnvoll sein, aber auf die Dauer fragt sich, wozu man noch einen Priester braucht, wenn auch andere seinen Dienst weitestgehend übernehmen können. Die Attraktivität des Priesterdienstes wird durch die Verunklarung seiner Konturen nicht gerade gesteigert. Als Konsequenz wird die Zahl der Eucharistiefeiern in den Gemeinden unweigerlich zurückgehen, was nicht unbedingt ein Schaden sein muß. Aber wenn die sonntägliche Eucharistiefeier mit dem Pfarrer statt der Regel nur noch die Ausnahme ist, dann fragt sich, ob diese Entwicklung gutgeheißen werden kann. Bei aller Problematik trifft die Rede vom „Recht der Gemeinde auf die Eucharistie“ doch etwas Richtiges.

Für die Seelsorgestruktur wird diese Entwicklung jedenfalls zur Folge haben, daß eine weitere Ebene eingezogen werden wird zwischen der priesterlosen Ortsgemeinde und der Diözese: das von einem Priester v.a. hinsichtlich der Eucharistiefeier, des Bußsakramentes und der Krankensalbung betreute Territorium. Dies ist bereits jetzt Wirklichkeit bei Gruppierungen, die sich über den Rahmen der Ortsgemeinde hinaus mehr oder weniger regelmäßig mit „ihren" Priestern zu Eucharistiefeiern versammeln. Die Priester werden dann auf der übergemeindlichen Ebene angesiedelt sein, für die man bislang – als Notlösung – bevorzugt hauptamtlich tätige Laientheologen vorgesehen hat, um deutlich zu machen, daß sie keine gemeindeleitende Funktion haben. Wird man die hauptamtlichen Laien jetzt wieder auf die Gemeindeebene holen? Ein solcher Austausch müßte sich zwangsläufig ergeben, da die in größerer Zahl zur Verfügung stehende Personengruppe engmaschiger eingesetzt werden kann und muß als die in geringerer Zahl vorhandene, die entsprechend weiträumiger zu verteilen ist. Dem widerspricht aber die bisher eingenommene Position, die in zahlreichen Diözesen zu der Vorschrift geführt hat, sog. Bezugspersonen gerade nicht aus den Reihen der haupt- und nebenamtlich in der Kirche Tätigen zu wählen. In der Tat erscheint es als nicht sehr förderlich, die genuinen Dienste der Laien zu „veramtlichen"[17].

Ob nun haupt- oder nebenamtlich tätige Laien oder einfache Gemeindeglieder die Aufgabe der Gemeindeleitung übernehmen, beides hätte, mit einem gewichtigen Unterschied, eine historische Parallele in der Ausdifferenzierung des Priesteramtes aus dem Bischofsamt. Als letzteres nicht mehr in der Lage war, den sich auch außerhalb der Städte, den ursprünglichen Zentren des Christentums, ausbreitenden Gemeinden gerecht zu werden, hat die Alte Kirche nicht einfach die Zahl der Bischöfe vermehrt, sondern auf eine bereits vorhandene Personengruppe, die Presbyter, zurückgegriffen und sie, nun mit gemeindeleitender Funktion in Abhängigkeit von einem Bischof, als Zwischenstufe eingeführt, um der neuen Situation Herr zu werden. Jetzt scheint man, da die Zahl der Priester drastisch

[17] Vgl. dazu Bernd Jochen Hilberath: Zum ekklesiologischen Ort der „Laien im pastoralen Dienst", in: Kirche und Theologie im kulturellen Dialog (wie Anm. 5) 363-377.

zurückgeht und man nicht bereit ist, die Zugangsvoraussetzungen zum priesterlichen Dienst zu ändern, eine neue Zwischenstufe einführen zu wollen, deren Mitglieder aber nicht ordiniert und deshalb auch nicht mit der Vollmacht ausgestattet sind, der Eucharistiefeier vorzustehen.

Was schließlich die wünschenswerte Entklerikalisierung der Seelsorge und der Gemeindeleitung angeht, so ist sie keineswegs notwendig mit der Verringerung der Zahl der Priester gegeben. Insofern Leitung, von wem auch immer ausgeübt, ein gewisses Maß an Kompetenz und Professionalität erfordert, wird der Vorwurf, daß sie sich zu sehr von der Gemeinde abhebt, leicht neue Nahrung finden. Es ist eher zu befürchten, daß unklare Strukturen gerade auf der Ebene der Leitung zu neuen Schwierigkeiten und Reibungsverlusten führen, die einen sinnvollen Einsatz der Kräfte erschweren. Ein Leitungsamt aber, das im Sinne des II. Vaticanums als Dienst an der Einheit sowohl der Gemeinde als ganzer wie der in ihr zum Tragen kommenden Charismen ausgeübt wird, wird sich auch in Zukunft als konstitutiver Bestandteil der Kirche erweisen.

Matthäus Kaiser

Sakrament des Ordo und kirchliches Amt

Einleitung: Sakramentales Amt?

Theologen sprechen gern von „Priesteramt“ oder allgemeiner von „Weiheamt“ oder von „sakramentalem Amt“ oder von der „Sakramentalität des Amtes“. Diese Sprechweise geht davon aus, daß durch sakramentale Ordination ein kirchliches Amt übertragen werde. Entsprechend der Dreistufigkeit des Sakraments des Ordo wird von einem dreigliedrigen Amt gesprochen: Episkopat, Presbyterat und Diakonat[1]. Manche berufen sich dabei ausdrücklich auf die Traditio Apostolica des Hippolyt. Dabei wird stillschweigend über die Entwicklung der „Ordination“ seit dem Beginn des 3. Jahrhunderts hinweggesehen. In der frühen Kirche zur Zeit des Hippolyt gab es in der Tat nur drei kirchliche Ämter: das Amt des Bischofs als Vorsteher einer Ortskirche, das Amt des Presbyters als Mitglied des Presbyterkollegiums um den Bischof und das Amt des Diakons im Dienste des Bischofs. Heute dagegen gibt es kirchliche Ämter in großer Vielfalt. Nicht jeder, der zum Bischof ordiniert wird, ist Diözesanbischof. Wer zum Presbyter ordiniert wird, erhält im Lauf seines Lebens gewöhnlich nacheinander verschiedene kirchliche Ämter übertragen. Nur beim Diakon tut man sich gegenwärtig noch etwas schwer. Weil es Jahrhunderte lang die Diakonenweihe nur noch als Durchgangsstufe zur Presbyterweihe gegeben hat, sind für den Diakon nicht verschiedene Ämter ausgebildet worden. Seit der Wiedereinführung des ständigen Diakonats nach dem Zweiten Vatikanischen Konzil wer-

[1] Einige beispielhafte Nachweise dafür siehe bei Matthäus Kaiser, Laien und Laienrecht im CIC/1983, in: ThGl 78 (1988) 376, Anm. 19. Die Deutsche Bischofskonferenz sieht in der von der Vollversammlung am 24. Februar 1994 beschlossenen Rahmenordnung für Ständige Diakone in den Bistümern der Bundesrepublik Deutschland „das kirchliche Amt ... in seiner dreifachen Ausformung von Episkopat, Presbyterat und Diakonat“ verwirklicht; in: Die deutschen Bischöfe, Heft 50, 7.

den ständigen Diakonen zwar unterschiedliche Ämter übertragen, ohne daß man sich bisher um entsprechende Amtsbezeichnungen dafür bemüht hätte.

I. Sakrament des Ordo

1. Stufen des Sakraments

Das Sakrament des Ordo wird in drei Stufen gespendet als Episkopat, Presbyterat und Diakonat (c. 1009 § 1). Alle drei Stufen werden durch Handauflegung und Gebet nach den Vorschriften der liturgischen Bücher gespendet (c. 1009 § 2). Alle drei Stufen sind also Ausformungen des einen Sakraments des Ordo. Das Zweite Vatikanische Konzil lehrt ausdrücklich, daß durch die Bischofsweihe die Fülle des Sakraments des Ordo übertragen wird (LG Art. 21 Abs. 2). Damit wurde die von Theologen des Hochmittelalters vertretene Auffassung überwunden, daß die Bischofsweihe kein Sakrament sei, weil sie keine höhere Gewalt über den eucharistischen Leib Christi verleihe als die Priesterweihe. Die Stufen des Subdiakonats und der niederen Weihen, die auch als Ordines bezeichnet wurden (c. 949 CIC/1917), sind von der nachkonziliaren Gesetzgebung abgeschafft worden[2]. Sie waren jedoch auch vorher nicht zu den sakramentalen Stufen gezählt worden.

2. Wirkung des Sakraments

Die Wirkung des Sakraments wird im ersten Canon des kirchlichen Gesetzbuches über das Weiherecht (c. 1008) beschrieben: Durch das Sakrament des Ordo werden kraft göttlicher Weisung aus dem Kreis der Gläubigen einige mittels eines untilgbaren Prägemals, mit dem sie gezeichnet werden, zu sacri ministri bestellt; sie werden nämlich dazu geweiht und bestimmt (consecrantur et deputantur), entsprechend ihrer jeweiligen Weihestufe die Dienste des Lehrens, des Heiligens und des Leitens in der Person Christi des Hauptes zu leisten und dadurch das Volk Gottes zu weiden. „Sacri ministri" wird gewöhn-

---

2 MP Ministeria quaedam v. 15. August 1972: AAS 64 (1972) 529-534.

lich mit „geistliche Amtsträger" übersetzt. Von da aus ist nur noch ein kleiner Schritt zu dem Mißverständnis: durch das Sakrament des Ordo werde ein kirchliches Amt übertragen. „Sacri ministri" wird im kirchlichen Gesetzbuch als terminus technicus für Kleriker gebraucht[3]. Kleriker wird jemand durch den Empfang der ersten Weihestufe, durch die Diakonenweihe; dadurch wird er zugleich in die Teilkirche inkardiniert, für deren Dienst er geweiht ist (c. 266 § 1). Darum sind die Kleriker verpflichtet, eine Aufgabe, die ihnen von ihrem Ordinarius übertragen wird, zu übernehmen und treu zu erfüllen (c. 274 § 2). Kleriker sind also für einen besonderen Dienst geweiht und bestimmt. Dieser Dienst wird ihnen aber nicht durch das Sakrament des Ordo übertragen, sondern getrennt davon durch einen Verwaltungsakt ihres Ordinarius. In c. 1008 wird dieser Dienst lediglich in allgemeiner Weise beschrieben als Dienst des Lehrens, des Heiligens und des Leitens in der Person Christi des Hauptes. Daß sie diese Dienste in der Person Christi des Hauptes zu leisten haben, unterscheidet sie von den übrigen Gläubigen, die durch die Taufe Christus eingegliedert und dadurch als Glieder des Leibes Christi ebenfalls auf ihre Weise des priesterlichen, prophetischen und königlichen Dienstes Christi teilhaft geworden sind und somit auch zur Ausübung der Sendung der Kirche berufen sind (c. 204 § 1).

II. Amt in der Kirche

1. Begriff des kirchlichen Amtes

Von den kirchlichen Ämtern handelt der CIC nicht im Weiherecht in dem vierten Buch über den Heiligungsdienst, sondern in allgemeiner Weise in dem ersten Buch über die allgemeinen Normen (cc. 145-196) und im besonderen von den einzelnen kirchlichen Ämtern vor allem im zweiten Teil des zweiten Buches über die Verfassung der Kirche (cc. 330-572). In c. 145 § 1 wird das kirchliche Amt definiert als

---

[3] Kraft göttlicher Weisung gibt es in der Kirche unter den Gläubigen ministri sacri, die im Recht auch Kleriker genannt werden (c. 207 § 1). Dementsprechend ist der Titel über die Kleriker überschrieben: de ministris sacris seu de clericis.

jedweder Dienst, der durch göttliche oder kirchliche Anordnung auf Dauer eingerichtet ist und der Wahrnehmung eines geistlichen Zwekkes dient. Dabei wird das kirchliche Amt als officium bestimmt. Dadurch unterscheidet sich das kirchliche Amt von der sakramentalen Weihe. Während durch das Sakrament des Ordo jemand für einen bestimmten Dienst geweiht und bestimmt wird, wird durch ein kirchliches Amt jemand zu einem bestimmten Dienst verpflichtet. Die Pflichten und Rechte, die den einzelnen kirchlichen Ämtern eigen sind, werden bestimmt durch das Recht selbst, durch das ein Amt eingerichtet wird, oder durch das Dekret der zuständigen Autorität, durch das es eingerichtet und zugleich übertragen wird (c. 145 § 2).

Kraft göttlicher Anordnung gibt es nur ein einziges Amt in der Kirche: das Bischofsamt in der doppelten Ausfaltung für die Gesamtkirche und für die Teilkirche[4]. In der ersten Zeit der Kirche ist zunächst die Ortskirche als Kirche bezeichnet worden. Dabei ist aus sehr früher Zeit bezeugt, daß es Kirche nicht ohne Bischof als eigenen Hirten gibt[5]. Daß auch die Gesamtkirche wirklich Kirche ist, ist nicht erst eine Erfindung des Ersten Vatikanischen Konzils. Mit dem Erstarken des päpstlichen Primats ist allerdings eher der Eindruck entstanden, daß nur die Gesamtkirche wirklich Kirche sei. Aber auch noch der vom Kirchenverständnis des Ersten Vatikanischen Konzils geprägte CIC/1917 bezeichnet die Diözesen als Kirchen (ecclesiae)[6].

---

[4] Das Pfarramt wird zwar aufgrund der tatsächlichen Bedeutung der Pfarrei als Darstellung der Kirche (SC Art. 42) auch zu den kirchlichen Grundämtern gerechnet, allerdings nicht kraft göttlichen, sondern kraft kirchlichen Rechts. Es fehlt aber auch nicht an Versuchen, das Pfarramt ebenfalls als kirchliches Amt kraft göttlichen Rechts zu verstehen. Vgl. dazu Heribert Heinemann, Die theologische Grundaussage zu Pfarrer und Pfarrei, in: Pastoralblatt für die Diözesen Aachen, Berlin, Essen, Hildesheim, Köln, Osnabrück 39 (1987) 304-313.

[5] Vgl. LG Art. 26 Abs. 1 unter Berufung auf das Neue Testament; Matthäus Kaiser, Die Einheit der Kirchengewalt nach dem Zeugnis des Neuen Testaments und der Apostolischen Väter. (MThSt III. Kan. Abt. Bd. 7) München 1956, 174-178, wo vor allem auf die Briefe des Ignatius von Antiochien verwiesen wird; Norbert Brox, Das kirchliche Amtsverständnis in patristischer Zeit, in: Theologische Fortbildung der Priester im Bistum Regensburg, Heft 6, o.O. u. o.J. (Regensburg 1973), 31-33, wo vor allem auf Briefe Cyprians von Carthago hingewiesen wird.

[6] In c. 329 § 1 über die Bischöfe und selbst in c. 218 § 2 über den Papst.

Das Zweite Vatikanische Konzil hat eindeutig klargestellt, daß die Gesamtkirche nicht ein loser Zusammenschluß selbständiger Kirchen, sondern wirklich Kirche ist, wie auch die einzelnen Diözesen nicht bloße Verwaltungsbezirke, sondern wirklich Kirchen sind. In prägnanter Formulierung lehrt das Konzil, daß „die Teilkirchen ... nach dem Bild der Gesamtkirche gestaltet sind. In ihnen und aus ihnen besteht die eine und einzige katholische Kirche (LG Art. 23 Abs. 1).

Daß es Kirche nicht ohne Bischof gibt, läßt das Konzil auch in dem Dekret über den Ökumenismus erkennen, indem es nichtkatholische Kirchen und kirchliche Gemeinschaften unterscheidet und dabei als Kirchen nur jene versteht, die gültig ordinierte Bischöfe haben. Wie ein Teil des Gottesvolkes nur Kirche sein kann, wenn dieser Teil einem Bischof als Hirten anvertraut ist, so kann auch die Gesamtkirche nur wirklich Kirche sein, wenn sie einen Bischof als Hirten hat. Daß der Papst der Bischof der Gesamtkirche ist, wie jeder Diözesanbischof der Bischof seiner Teilkirche ist, spricht das Konzil so aus: „Der Bischof von Rom hat kraft seines Amtes als Stellvertreter Christi und Hirt der ganzen Kirche volle, höchste und universale Gewalt über die Kirche" (LG Art. 22 Abs. 2; CD Art. 2 Abs. 1)[7], und „die Bischöfe ... stehen an Gottes Stelle der Herde vor, deren Hirten sie sind" (LG Art. 20 Abs. 3; CD Art. 2 Abs. 2)[8]. Das Bewußtsein, daß Bischof und Kirche so eng zusammengehören, daß es Kirche nicht ohne Bischof und darum auch Bischof nicht ohne Kirche gibt, hat zu der Fiktion geführt, daß ordinierte Bischöfe, die nicht Diözesanbischöfe sind, als Titularbischöfe (c. 376) „Vorsteher" einer untergegangenen Teilkirche seien.

Daß der Papst „der Bischof der Gesamtkirche" ist, hat Papst Paul VI. bekundet, indem er die Beschlüsse des Zweiten Vatikanischen Konzils nicht als „Bischof von Rom", sondern als „Catholicae Ecclesiae Episcopus" unterschrieben hat. Der Papst ist nicht „irgendein" Bischof der katholischen Kirche, sondern „der Bischof" der katholischen Kirche, wie auch der Diözesanbischof nicht „irgendein" Bischof, sondern „der Bischof" seiner Teilkirche ist.

---

[7] Diese Formulierung ist auch in c. 331 CIC/1983 übernommen worden. Dabei ist zu bedauern, daß die Charakterisierung dieser Gewalt als „vere episcopalis" (c. 218 § 2 CIC/1917) unterlassen wurde.

[8] Auch diese Formulierung ist in c. 375 § 1 in den CIC/1983 eingegangen.

2. Übertragung kirchlicher Ämter

Ohne kanonische Amtsübertragung kann ein kirchliches Amt nicht gültig erlangt werden (c. 146). Jede Amtsübertragung muß schriftlich ausgefertigt werden (c. 156). Damit ist bereits deutlich ausgesprochen, daß kirchliche Ämter nicht durch das Sakrament des Ordo übertragen werden, sondern durch einen Verwaltungsakt. Im einzelnen werden die verschiedenen Formen der Amtsübertragung in c. 147 erschöpfend aufgezählt: Die Übertragung eines kirchlichen Amtes geschieht: durch freie Amtsübertragung seitens der zuständigen kirchlichen Autorität; durch die von dieser vorgenommene Einsetzung, wenn eine Präsentation vorausgegangen ist; durch die von dieser vollzogene Bestätigung oder Zulassung, wenn eine Wahl oder Wahlbitte vorausgegangen ist; schließlich durch einfache Wahl und Annahme seitens des Gewählten, wenn die Wahl keiner Bestätigung bedarf.

Als allgemeine Regel gilt, daß der Diözesanbischof die kirchlichen Ämter in der eigenen Teilkirche durch freie Amtsübertragung besetzen kann (c. 157). Dies bedeutet, daß der Diözesanbischof selber die Person auswählt, der er ein bestimmtes Amt übertragen will, und diese Person dann zum Inhaber dieses Amtes ernennt. So hat der Diözesanbischof z. B. einen Generalvikar zu ernennen (c. 475 § 1). In der Regel hat der Diözesanbischof auch das Pfarramt durch freie Amtsübertragung zu besetzen, falls nicht jemand ein Vorschlags- oder Wahlrecht hat (c. 523).

Wenn jemandem ein Präsentationsrecht für ein bestimmtes kirchliches Amt zukommt, wie dies aus historischen Gründen für einzelne Pfarrämter der Fall ist, hat der Diözesanbischof den rechtmäßig Vorgeschlagenen in das Amt einzusetzen, wenn er ihn als geeignet befunden hat und der Vorgeschlagene die Präsentation angenommen hat (c. 163). Ebenso hat der Diözesanbischof die Wahl zu bestätigen, wenn er den Gewählten, der die Wahl angenommen hat, als geeignet befunden hat und die Wahl nach Maßgabe des Rechts durchgeführt wurde (c. 179). So ist z. B. in vielen Diözesen das Amt des Dekans zu besetzen, indem der Diözesanbischof die vorausgegangene Wahl bestätigt. Im Falle eines Präsentations- oder eines Wahlrechts ist also der Diözesanbischof nicht frei, die Person zu bestimmen, der er das kirchliche Amt durch Einsetzung oder Bestätigung zu übertragen hat.

Wenn der Wahl einer Person, welche die Wähler für geeignet halten und anderen vorziehen, ein kanonisches Hindernis entgegensteht, von dem dispensiert werden kann, können sie diese Person von der zuständigen Autorität für das Amt erbitten (c. 180 § 1). In diesem Fall ist die zuständige Autorität nicht verpflichtet, der Wahlbitte zu entsprechen, kann aber den Postulierten zulassen und ihm damit das kirchliche Amt übertragen (cc. 182 § 3; 183 § 3).

Wenn eine Wahl keiner Bestätigung bedarf, wie z. B. die Wahl des Papstes (c. 332 § 1) oder des Diözesanadministrators (c. 427 § 2), erlangt der Gewählte mit der Annahme der Wahl das kirchliche Amt.

Kirchliche Ämter, zu deren Ausübung Weihegewalt oder kirchliche Leitungsgewalt erforderlich ist, können allein Kleriker erhalten (c. 274 § 1)[9]. Ein Amt, das der umfassenden Seelsorge dient, zu deren Wahrnehmung die Priesterweihe erforderlich ist, kann jemandem, der die Priesterweihe noch nicht empfangen hat, nicht gültig übertragen werden (c. 150). So muß jemand die Priesterweihe empfangen haben, damit er gültig als Pfarrer bestellt werden kann (c. 521 § 1). Auch in diesen Fällen erfolgt die Übertragung des kirchlichen Amtes nicht durch das Sakrament des Ordo; vielmehr wird der Empfang des Sakraments bereits vorausgesetzt.

Andererseits können bestimmte kirchliche Ämter auch Laien übertragen werden[10]. Laien, denen ein kirchliches Amt übertragen wird, werden dadurch nicht Kleriker, sondern bleiben Laien. Wie durch sakramentale Ordination kein kirchliches Amt übertragen wird, so wird auch durch Übertragung eines kirchlichen Amtes nicht das Sakrament des Ordo gespendet. Die Übertragung eines kirchlichen Amtes ist in jedem Fall, bei Laien wie bei Klerikern, Indienstnahme für einen fest umschriebenen Aufgaben- und Pflichtenbereich durch die zuständige kirchliche Autorität. Die Übertragung des kirchlichen Amtes geschieht durch die Aushändigung der schriftlichen Übertragungsurkunde. Einer gottesdienstlichen Feier bedarf es dazu nicht.

---

9 Dieser Grundsatz ist allerdings durch c. 1421 § 2 durchbrochen, nach dem auch Laien als kirchliche Richter bestellt werden können, von denen einer bei der Bildung eines Kollegialgerichts herangezogen werden kann.

10 Siehe unten IV.

Es gibt aber Fälle, daß die Übertragung eines kirchlichen Amtes oder der Antritt eines kirchlichen Amtes mit einer gottesdienstlichen Feier verbunden ist.

Das Amt des Papstes wird von Rechts wegen mit der Annahme der rechtmäßig erfolgten Wahl zusammen mit der Bischofsordination übertragen. Wenn daher der zum Papst Gewählte schon zum Bischof ordiniert ist, kann er von der Annahme der Wahl an sofort das Amt des Papstes ausüben. Wenn der Gewählte dagegen noch nicht Bischof ist, muß er zuvor, und zwar sofort zum Bischof ordiniert werden (c. 332 § 1). Kurze Zeit nach Antritt des Amtes manifestiert der Papst die Übernahme des Amtes vor der Öffentlichkeit in einem festlichen Gottesdienst, der seit Papst Paul VI. an die Stelle der Krönung des Papstes getreten ist. Diese gottesdienstliche Feier hat jedoch keine rechtliche Bedeutung im Sinne einer Amtsübertragung oder der Besitzergreifung.

Jeder, der in ein bischöfliches Amt berufen wird, muß von seinem Amt Besitz ergreifen, und zwar erst, nachdem er zum Bischof ordiniert ist (c. 379). Der Diözesanbischof darf sich vor der kanonischen Besitzergreifung nicht in die Ausübung des ihm übertragenen Amtes einmischen (c. 382 § 1)[11]. Der Diözesanbischof ergreift Besitz von seinem Amt, indem er das Apostolische Schreiben in Gegenwart des Kanzlers der Kurie dem Konsultorenkollegium vorlegt (c. 382 § 3)[12]. Dabei wird sehr empfohlen, daß die kanonische Besitzergreifung mit einem liturgischen Akt in der Kathedralkirche geschieht, bei dem Klerus und Volk anwesend sind (c. 382 § 4). Nach dem Ordinationsritus erfolgt in dem Fall, daß der Bischof in seiner Kathedrale ordiniert wird, die Besitzergreifung nicht nach erfolgter Ordination, sondern zu Beginn des Ordinationsgottesdienstes nach der Begrüßung des Volkes[13], also immerhin in unmittelbarer Verbindung mit der Ordination.

---

[11] Der Wortlaut des c. 382 § 1 läßt keinen Zweifel daran, daß die Amtübertragung bereits erfolgt ist, sobald der Ernannte bzw. Gewählte die päpstliche Ernennungs- bzw. Bestätigungsurkunde in Händen hat. Die Besitzergreifung ist also nicht Teil der Amtsübertragung.

[12] Der Bischof-Koadjutor hat das Apostolische Ernennungsschreiben dem Diözesanbischof und dem Konsultorenkollegium, der Auxiliarbischof nur dem Diözesanbischof vorzulegen (c. 404 §§ 1 u. 2).

[13] Pontificale Romanum ex decreto sacrosancti Oecumenici Concilii Vaticani II renovatum auctoritate Pauli PP. VI editum Ioannis Pauli PP. II cura

Wer zur Wahrnehmung der Hirtensorge einer Pfarrei als Pfarrer berufen worden ist, hat dieses Amt inne und muß es vom Zeitpunkt der Besitzergreifung an ausüben (c. 527 § 1). Diese „Besitzergreifung" wird sodann jedoch als Besitzeinweisung beschrieben: der Ortsordinarius oder ein von ihm delegierter Priester führt den Pfarrer in den Amtsbesitz unter Wahrung der Form ein, die durch partikulares Gesetz oder rechtmäßige Gewohnheit vorgesehen ist (c. 527 § 2). In der Diözese Regensburg werden, wie in vielen anderen Diözesen, zwei Vorgänge unterschieden: die Investitur und die Feier der Amtseinführung in der Pfarrgemeinde (Installation)[14]. An der Investitur sind nur der Generalvikar und der ernannte Pfarrer beteiligt. Der Generalvikar eröffnet die Feier mit einem Gebet und einer Schriftlesung. Daraufhin legt der ernannte Pfarrer das Glaubensbekenntnis und den Amtseid ab. Dann überträgt der Generalvikar im Auftrag des Bischofs durch Überreichung der Ernennungsurkunde dem Ernannten das Amt des Pfarrers und bestimmt den Zeitpunkt, an dem das Amt spätestens zu übernehmen ist. Mit einer Ermahnung des Pfarrers durch den Generalvikar und den Austausch des Friedensgrußes zwischen Generalvikar und Pfarrer endet die Feier. Die Feier der Amtseinführung in der Pfarrgemeinde erfolgt gewöhnlich erst einige Wochen nach dem tatsächlichen Amtsantritt, hat also nur den Charakter einer öffentlichen Manifestation, während allein der Investitur durch den Generalvikar rechtliche Bedeutung zukommt. Die Amtseinführung in der Pfarrgemeinde ist mit einer festlichen Eucharistiefeier verbunden und wird vom Bischof oder (meist) in dessen Auftrag vom (Regionaldekan oder) Dekan geleitet.

Die Investitur nach Regensburger Diözesanbrauch ist weder Besitzergreifung noch Besitzeinweisung, sondern in Wirklichkeit Vollzug der Übertragung des Pfarramtes, der durch Überreichung der Ernennungsurkunde erfolgt. Die Besitzergreifung geschieht formlos durch den tatsächlichen Antritt des Amtes, der vom Generalvikar im Rahmen der Investitur angeordnet wird und der Feier der Amtseinführung in der Pfarrgemeinde vorausgeht.

---

recognitum: De ordinatione episcopi, presbyterorum ed diaconorum. Editio typica altera. Typis Polyglottis Vaticanis 1990, n. 33 p. 9.

[14] Bistum Regensburg, Die Amtseinführung des Pfarrers. o.O. u. o.J. (Regensburg 1991).

Die Investitur ist ein Relikt des Benefizialrechts, ursprünglich also nicht eine gottesdienstliche Feier, sondern eine Einrichtung des germanischen Lehensrechts. Daß sie zu einer gottesdienstlichen Feier umgestaltet wurde, ist der Bedeutung des kirchlichen Amtes angemessen.

Mit einer gottesdienstlichen Feier ist gewöhnlich auch die Übertragung der neu eingerichteten Seelsorgeämter, die Laien übertragen werden, verbunden. Die Übertragung des Amtes erfolgt jedoch nicht durch die gottesdienstliche Feier, sondern in der gottesdienstlichen Feier durch die Überreichung einer Urkunde.

3. Verlust kirchlicher Ämter

Während die sakramentale Ordination infolge der untilgbaren Prägung (c. 1008) niemals ihre Wirkung verliert (c. 290), können kirchliche Ämter auf unterschiedliche Weise verloren gehen: durch Ablauf der vorher festgelegten Zeit, durch Erreichen der im Recht bestimmten Altersgrenze, durch Verzicht, Versetzung, Amtsenthebung und Absetzung (c. 184 § 1). Wenn das Recht der Autorität, von der das kirchliche Amt übertragen wurde, erlischt, geht das Amt nur verloren, wenn dies im Recht ausdrücklich vorgesehen ist (c. 184 § 2). Dies gilt z. B. für das Amt des Generalvikars und des Bischofsvikars im Falle der Vakanz des bischöflichen Stuhles (c. 481 § 1). Der Verzicht auf ein kirchliches Amt bedarf in der Regel der Annahme durch die kirchliche Autorität, der die Übertragung dieses Amtes zusteht (c. 189 §§ 1 u. 2). Eine Versetzung von einem kirchlichen Amt auf ein anderes kann vornehmen, wer das Übertragungsrecht für beide Ämter hat (c. 190 § 1). Für eine Versetzung gegen den Willen des Amtsinhabers ist ein schwerwiegender Grund und die Einhaltung der im Recht vorgeschriebenen Verfahrensweise erforderlich (c. 190 § 2). Die Amtsenthebung kann durch ein vor der zuständigen Autorität rechtmäßig erlassenes Dekret oder von Rechts wegen erfolgen (c. 192). Von Rechts wegen wird eines kirchlichen Amtes enthoben, wer den Klerikerstand verloren hat, wer vom katholischen Glauben oder von der Gemeinschaft der Kirche abgefallen ist, und ein Kleriker, der eine, wenn auch nur zivile, Eheschließung versucht hat (c. 194). Die Absetzung von einem kirchlichen Amt ist eine Strafe für bestimmte Straftaten. Sie erfolgt nur nach Maßgabe des Rechts (c. 196). Ein

Priester, der ein kirchliches Amt verloren hat, ohne daß ihm ein anderes übertragen wird, bleibt zwar Priester; er ist aber dann ein Priester ohne Amt, auch wenn er nicht gemäß c. 290 aus dem klerikalen Stand ausgeschieden ist.

III. Verbindung von sakramentaler Ordination und kirchlicher Sendung

Durch das Sakrament des Ordo wird ein Gläubiger dazu geweiht und bestimmt, die Dienste des Lehrens, des Heiligens und des Leitens in der Person Christi des Hauptes zu leisten (c. 1008). Darum darf nur ordiniert werden, wer für den Dienst der Kirche als nützlich anzusehen ist (c. 1025 § 2). Voraussetzung für die Ordination ist darum auch eine schriftliche Erklärung des Kandidaten, daß er sich dem kirchlichen Dienst für immer widmen wird (c. 1036). Die Kleriker sind daher verpflichtet, eine Aufgabe, die ihnen von ihrem Ordinarius übertragen wird, zu übernehmen und treu zu erfüllen (c. 274 § 2). Um bestimmte kirchliche Dienste ausüben zu können, bedarf der Priester konkreter kirchlicher Sendung. Die Verbindung von sakramentaler Ordination und kirchlicher Sendung kann in verschiedener Weise erfolgen und hat sich tatsächlich im Lauf der Geschichte gewandelt.

1. „Relative Ordination"

Die Kirche ist eine „komplexe Wirklichkeit, die aus menschlichem und göttlichem Element zusammenwächst" (LG Art. 8 Abs. 1). Dies gilt auch für das Bischofsamt, das als Grundamt für die Kirche selbst konstitutiv ist. Bischof im vollen Sinn als Vorsteher der Gesamtkirche oder einer Teilkirche kann daher nur sein, wer durch das Sakrament des ordo in zeichenhafter Christusbegegnung geprägt ist und zugleich als Organ der Kirche in Dienst genommen ist[15]. In analoger Weise gilt dies auch für das Pfarramt als Grundamt kraft kirchlichen Rechts.

[15] Vgl. dazu und zum folgenden Matthäus Kaiser, Absolute Ordination? in: Mysterium der Gnade (Festschrift f. J. Auer); hrsg. v. Heribert Roßmann und Joseph Ratzinger. Regensburg 1975, 185 f.

In der Anfangszeit der Kirche scheint es nach den Zeugnissen des Neuen Testamtents gewisse Schwankungen in der Aufgabenstellung und Bezeichnung kirchlicher Funktionsträger gegeben zu haben. Aber schon im ersten Jahrhundert in der unmittelbar nachapostolischen Zeit findet sich in der Ortskirche ein Bischof, der in dieser Kirche umfassend in der Nachfolge der Apostel steht. Zusammen mit dem Bischof und in Abhängigkeit von diesem erfüllen einzelne Aufgaben der Kirche ein Kreis von Presbytern. Mit zunehmender Missionierung des Landes um die Bischofsstadt herum verlagert sich deren Aufgabenbereich teilweise mehr und mehr in die einzelnen Landgemeinden[16]. Der Aufgabenbereich des Bischofs einer Ortskirche und der Presbyter um den Bischof oder in einer Landgemeinde war fest umschrieben. Es handelt sich also um kirchliche Ämter der Frühzeit. Diese Ämter wurden jeweils in einem komplexen Vorgang übertragen. Eines der ältesten ausführlichen Zeugnisse vom Beginn des 3. Jahrhunderts für die Bestellung eines Bischofs enthält die Traditio Apostolica des Hippolyt von Rom (c. 2), die auch für die jüngste Reform der Ordinationsliturgie nach dem Zweiten Vatikanischen Konzil maßgeblich war. Demnach wurde der Bischof, der für eine Ortskirche zu bestellen war, von dem Presbyterium und dem ganzen Volk dieser Ortskirche zusammen mit den Nachbarbischöfen gewählt und dann von den Nachbarbischöfen durch Handauflegung und Gebet in das Amt des Ortsbischofs eingesetzt[17]. Wenn ein Presbyter zu bestellen war, hat der Ortsbischof dem Erwählten durch Handauflegung und Gebet sein Amt übertragen. Dieser komplexe Vorgang der Amtsübertragung wurde als cheirotonía[18] und seit Tertullian[19] als ordinatio bezeichnet. Beide Bezeichnungen bedeuten im profanen Sprachgebrauch jener Zeit Bestellung oder Anstellung. In Rom ist „ordinatio" terminus technicus für die Ernennung der kaiserlichen Beamten[20]. Daß

[16] Daraus hat sich schließlich das Pfarramt entwickelt.

[17] Vgl. Matthäus Kaiser, Die Bestellung der Bischöfe in Geschichte und Gegenwart. Wahl oder Ernennung? in: Eine Kirche – ein Recht; hrsg. v. Richard Puza und Abraham P. Kustermann (Hohenheimer Protokolle, Bd. 34) Stuttgart 1990, 48.

[18] Vinzenz Fuchs, Der Ordinationstitel von seiner Entstehung bis auf Innozenz III. (KStT, Bd. 4) Bonn 1930, 6.

[19] De praescriptione 41.

[20] O. Hirschfeld, Die kaiserlichen Verwaltungsbeamten bis auf Diocletian. Berlin ^{2}1905, 443.

dieser komplexe Vorgang der zeichenhaften Christusbegegnung durch Handauflegung und Gebet und der Indienstnahme für ein bestimmtes kirchliches Amt als Bischof oder Presbyter einer bestimmten Ortskirche als „ordinatio“, der gebräuchlichen Bezeichnung für „Amtsübertragung“ bezeichnet wurde[21], ist für das rechte Verständnis der späteren Entwicklung von Bedeutung.

2. Lösung der „ordinatio“ von der Amtsübertragung[22]

Verschiedene Gründe haben dazu geführt, daß der komplexe Vorgang der Amtsübertragung durch Handauflegung und Gebet in der frühen Kirche in zwei voneinander getrennte Vorgänge aufgelöst wurde. So ergab sich das Bedürfnis, daß ein für ein bestimmtes Amt ordinierter Bischof oder Presbyter auf ein anderes Amt überwechseln wollte oder sollte. Solcher Stellenwechsel wurde zwar seit den Synoden von Arles (314), Nikaia (325) und Antiochia (341) wiederholt verboten[23], setzte sich aber in der Praxis mehr und mehr durch. Ein Presbyter, der für das Bischofamt einer Ortskirche erwählt wurde, wurde von den Nachbarbischöfen durch Handauflegung und Gebet zum Bischof dieser Kirche ordiniert. Wenn dagegen ein Bischof von einer Ortskirche in eine andere überwechselte oder wenn ein Presbyter ein anderes Amt als Presbyter in derselben oder in einer anderen Ortskirche erhalten sollte, unterblieb eine neuerliche Ordination durch Handauflegung und Gebet. Damit zeichnete sich die Praxis ab, daß ein kirchliches Amt auch ohne Handauflegung zu übertragen war, sofern der Erwählte bereits für ein bestimmtes Amt derselben Art durch Handauflegung ordiniert worden war.

Eine andere Entwicklung setzte ebenfalls spätestens im 4. Jahrhundert ein, vor allem im Zusammenhang mit dem Mönchtum. Es gab Fälle, daß ein Mönch zum Bischof einer bestimmten Kirche oder zum Presbyter für ein bestimmtes Amt ordiniert wurde, dieses Amt aber nicht angetreten hat[24]. Ja es gab Bischöfe und Presbyter, die

---

[21] Diese Ordination für ein bestimmtes kirchliches Amt wurde später als „relative Ordination“ bezeichnet.

[22] Vgl. dazu Kaiser (Anm. 15) 186-188.

[23] Vgl. Fuchs (Anm. 18) 78-102.

[24] Ebenda 104-108.

nicht für eine bestimmte Ortskirche oder ein bestimmtes Amt ordiniert wurden. Presbyter, die in einem Mönchsverband lebten, erhielten nicht ein kirchliches Amt übertragen, feierten aber auf Weisung des Klostervorstehers mit der Mönchsgemeinschaft die Eucharistie.

Im Zuge dieser Entwicklung hat sich ein Bedeutungswandel des Begriffs „ordinatio" vollzogen. Dies konnte zunächst leicht übersehen werden, weil der Begriff „ordinatio" vorübergehend in verschiedener Bedeutung gebraucht wurde. Nach wie vor konnte „ordinatio" in der ursprünglichen Bedeutung Übertragung eines Amtes durch Handauflegung und Gebet sein. Daneben aber wurde auch die zeichenhafte Christusbegegnung durch Handauflegung und Gebet allein, losgelöst von gleichzeitiger Übertragung eines kirchlichen Amtes, als „ordinatio" bezeichnet. Nach diesem neuen Ordinationsverständnis ist aus dem Begriffsinhalt der „ordinatio" gerade jener Teil ausgegliedert worden, der dem ursprünglich komplexen Vorgang den Namen gegeben hat, nämlich die Amtsübertragung.

Die von der Bindung an eine bestimmte Ortskirche oder an ein bestimmtes kirchliches Amt losgelöste Ordination zielte darauf ab, daß der Ordinierte ohne Bindung an eine bestimmte Kirche überall tätig werden kann. Demgegenüber erklärte das Konzil von Chalkedon im Jahre 451, daß jede absolute Ordination, d. h. die Ordination, die nicht für eine bestimmte Kirche oder für ein bestimmtes kirchliches Amt erfolgt, ákyros ist und der absolut Ordinierte nirgends tätig werden kann (c. 6). Dieses ákyros wurde in der Kirche des Westens in verschiedenen lateinischen Übersetzungen tradiert[25]. Die manus impositio, die nicht an eine bestimmte Kirche oder an ein bestimmtes kirchliches Amt binden sollte, wurde als irrita, vana, nulla, vacua, invalida, inefficax charakterisiert. Alle diese Ausdrücke, die Theologen bis zum Ende des 12. Jahrhunderts zur Beschreibung der absoluten Ordination gebrauchten, besagen dem Wortlaut nach übereinstimmend, daß die absolute Ordination leer und wirkungslos sei. Trotzdem hat sich die absolute Ordination in einem jahrhundertelangen Ringen gegen wiederholte Verbote durchgesetzt[26]. In der kirch-

---

[25] Vgl. Cyrill Vogel, Vacua manus impositio. L'inconsistance de la chirotonie absolue en Occident; in: Mélanges Liturgiques offerts au Dom Bernard Botte. Louvain 1972, 514-518.

[26] Vgl. Fuchs (Anm. 18) 138-236.

lichen Praxis war unbestritten, daß der absolut Ordinierte Eucharistie zu feiern vermochte und darüber hinaus in einem weiteren Umfang von der Kirche in Dienst genommen werden konnte, indem ihm nachträglich ein kirchliches Amt übertragen wurde, ohne daß es dazu einer neuen Ordination durch Handauflegung bedurft hätte. Schließlich hat Papst Innozenz III. im Jahre 1198 die absolute Ordination nur noch davon abhängig gemacht, daß der ordinierende Bischof für den Lebensunterhalt des Ordinierten zu sorgen hat, bis ihm ein kirchliches Amt übertragen wird, von dem er seinen Lebensunterhalt bestreiten kann[27]. Damit hatte sich die „absolute Ordination" als Spendung des Sakraments des Ordo, die nicht mit der Übertragung eines kirchlichen Amtes verbunden ist, endgültig durchgesetzt. So wird bis heute das Sakrament der Priesterweihe regelmäßig gespendet, wenn noch gar nicht bestimmt ist, welches konkrete kirchliche Amt den einzelnen Ordinierten übertragen wird. Die erstmalige Übertragung eines Amtes erfolgt Wochen nach der sakramentalen Ordination durch schriftliches Dekret des Ordinarius. Gewöhnlich erhält jeder Priester im Lauf seines Lebens in dieser Weise nacheinander verschiedene kirchliche Ämter übertragen, ohne daß es jeweils einer Wiederholung der sakramentalen Ordination bedürfte, bis er schließlich nach dem Eintritt in den Ruhestand wieder ein Priester ohne Amt ist, wenn ihm auch durch persönliche Beauftragung zukommende Befugnisse verbleiben (z.B. Lossprechungsvollmacht).

Seit der Mitte des 13. Jahrhunderts haben die Mendikantenorden für sich erstritten, daß den Ordenspriestern ohne Übertragung eines entsprechenden Amtes auch die cura animarum mit der Predigt- und Lossprechungsvollmacht übertragen wurde, die bis dahin nur mit dem Pfarramt verbunden war[28]. Damit war die Übertragung einzelner kirchlicher Vollmachten auch von der Übertragung eines kirchlichen Amtes losgelöst.

---

[27] X 3,5,16. Vgl. Fuchs (Anm. 18) 274 f.; Vogel (Anm. 25) 520 f.

[28] Vgl. Ludwig Hödl, Die sakramentale Buße und ihre kirchliche Ordnung im beginnenden mittelalterlichen Streit um die Bußvollmacht der Ordenspriester; in: Franziskanische Studien 55 (1973) 339.

3. „Absolute Ordination" und kirchliche Sendung

Der Auflösung des komplexen Vorgangs der Amtsübertragung durch sakramentale Ordination folgte zu Beginn des 13. Jahrhunderts in begrifflicher Hinsicht die Unterscheidung in eine potestas ordinis, die durch das Sakrament des Ordo in unverlierbarer Weise übertragen werde und zur Spendung von Sakramenten befähige, und in eine potestas iurisdictionis, die durch kirchliche Sendung (z.B. die Übertragung eines kirchlichen Amtes) übertragen werde, daher auch entzogen werden könne und zur Regierung der Kirche befähige[29]. Den Schlüssel zur rechten Zuordnung von sakramentalem Ordo und kirchlicher Sendung hat erst das Zweite Vatikanische Konzil aufgedeckt[30]. Statt von einer potestas ordinis und einer potestas iurisdictionis spricht das Konzil von einer einzigen sacra potestas, die jenen zukommt, die durch das Sakrament des Ordo dazu geweiht und bestimmt sind, in der Person Christi des Hauptes zu handeln und zugleich durch kirchliche Sendung als Organ der Kirche in Dienst genommen sind. Dem Umfang der kirchlichen Sendung entsprechend ist der Ordinierte Inhaber jener sacra potestas, die ihn befähigt, im Namen Christi und im Namen der Kirche zu handeln. Die kirchliche Sendung, die zur Begründung der sacra potestas zur sakramentalen Ordination hinzukommen muß, kann auf verschiedene Weisen erfolgen, die das Konzil in Artikel 24, Absatz 2 der Kirchenkonstitution vorstellt.

a) Kirchliche Sendung durch Gewohnheitsrecht oder Gesetz

Die älteste Verbindung von Sakrament des Ordo und kirchlicher Sendung ist manchen schwer verständlich[31]. Die Aussage des Zwei-

[29] Vgl. Kazimierz Nasilowski, De distinctione potestatis ordinis et iurisdictionis; in: Ius Sacrum (Festschrift für Klaus Mörsdorf); hrsg. v. Audomar Scheuermann und Georg May. München-Paderborn-Wien 1969, 171-179.

[30] Vgl. Kaiser (Anm. 15) 191-194; Matthäus Kaiser, Potestas iurisdictionis? in: Fides et Ius (Festschrift für Georg May); hrsg. v. Winfried Aymans, Anna Egler, Joseph Listl. Regensburg 1991, 92-97.

[31] So glaubt z.B. Hubert Socha, Die Analogie der Hirtengewalt und der

ten Vatikanischen Konzils, daß kirchliche Sendung durch Gewohnheitsrecht oder Gesetz erfolgen kann, ist in Verbindung mit c. 6 des Konzils von Chalkedon recht zu verstehen, um dessen Auslegung lange gestritten wurde. Die „absolute Ordination" ist insoweit ákyros, entleert, als sie nicht mehr mit kirchlicher Sendung verbunden ist. Tatsächlich wurde von der Ordination im ursprünglichen Sinn die Übertragung eines Amtes losgelöst. Die „absolute Ordination" war also insoweit entleert, als sie nicht mehr in dem vollen Umfang des Bischofsamtes als Vorsteher einer Teilkirche und nicht mehr in dem vollen Umfang des Presbyteramtes als Vorsteher einer Landgemeinde (Pfarrei) verbunden war. Aber die „absolute Ordination" war nie jeglicher kirchlichen Sendung entleert. Unbestritten war nämlich von Anfang an, daß der „absolut" ordinierte Presbyter fähig ist, der Eucharistiefeier vorzustehen, und daß der „absolut" ordinierte Bischof fähig ist, zu ordinieren. Insoweit ist also von Anfang an durch Gewohnheit, die zu Gewohnheitsrecht erstarkte, die „absolute Ordination" nie von jeglicher kirchlichen Sendung entleert gewesen. Die kirchliche Sendung, die anfänglich durch Gewohnheitsrecht mit der „absoluten Ordination" verbunden war, wurde schließlich auch durch Gesetz festgeschrieben. So ist heute durch Gesetz mit der Ordination des Diakons die kirchliche Sendung für die Predigt verbunden (c. 764), mit der Ordination des Presbyters darüber hinaus auch die kirchliche Sendung, der Eucharistiefeier vorzustehen (c. 900 § 1) und das Sakrament der Krankensalbung zu spenden (c. 1003 § 1), in den Ostkirchen darüber hinaus auch die kirchliche Sendung zu firmen (c. 694 CCEO). Die kirchliche Sendung, zu firmen, ist in der Lateinischen Kirche und die kirchliche Sendung, im Sakrament der Buße von Sünden zu absolvieren, ist in der ganzen Kirche nicht durch Gesetz mit der Presbyterordination verbunden, sondern wird getrennt von der Ordination durch die Übertragung eines entsprechenden Amtes oder durch persönliche Beauftragung übertragen (cc. 882-884, 966-969). Mit der Bischofsordination ist darüber hinaus auch die kirchliche Sendung, zu firmen (c. 882), von Sünden zu absolvieren (c. 967 § 1) und zu ordinieren (c. 1012) verbunden. Diese Befugnisse sind also nicht, wie die herkömmliche

Dominativgewalt der klösterlichen Laienoberen (MThSt III. Kan. Abt. Bd. 27) München 1967, 5 Anm. 12, den Konzilstext korrigieren zu sollen.

Lehre unterstellt, allein durch das Sakrament des ordo übertragene unverlierbare potestas ordinis, sondern Folge der gesetzlichen Verbindung von sakramentaler Ordination und kirchlicher Sendung. Daraus ergibt sich, daß diese Befugnisse auch entzogen werden könnten, indem die durch Gesetz gegebene kirchliche Sendung durch Verwaltungsakt von seiten der zuständigen kirchlichen Autorität entzogen würde.

b) Kirchliche Sendung durch Übertragung eines kirchlichen Amtes

Auch nachdem die Übertragung eines kirchlichen Amtes von der sakramentalen Ordination losgelöst wurde, ist die Übertragung eines kirchlichen Amtes die ordentliche Form der kirchlichen Sendung geblieben. Dabei kann die sakramentale Ordination der Amtsübertragung vorausgehen (z.B. Ernennung eines Priesters zum Pfarrer; Ernennung oder Wahl eines Auxiliarbischofs zum Diözesanbischof) oder auch nachfolgen (Ernennung oder Wahl eines Nichtbischofs zum Diözesanbischof). Im Lauf der Zeit sind neben den kirchlichen Grundämtern auch kirchliche Hilfsämter in großer Vielfalt ausgebildet worden. In der Regel wird jedem Ordinierten ein kirchliches Amt und im Lauf des Lebens sogar verschiedene kirchliche Ämter nacheinander übertragen. Je nach dem übertragenen Amt sind die Aufgaben und Befugnisse der einzelnen Amtsinhaber verschieden, obwohl sie alle die gleiche Ordination empfangen haben. So hat z.B. der Pfarrer andere Aufgaben und Befugnisse als der Regens des Priesterseminars und der Generalvikar andere als der Pfarrvikar, obwohl sie alle das gleiche Sakrament der Presbyterordination empfangen haben. Auch jene, die alle das gleiche Sakrament der Bischofsordination empfangen haben, können Inhaber sehr unterschiedlicher kirchlicher Ämter mit unterschiedlichen Aufgaben und Befugnissen sein, z.B. als Diözesanbischof, als Auxiliarbischof, als Koadjutorbischof, als Apostolischer Vikar, als Apostolischer Nuntius oder als Beamter an der Päpstlichen Kurie. Da es den Ständigen Diakon in der Lateinischen Kirche Jahrhunderte lang nicht gegeben hat, sind für die Diakone auch nicht verschiedene kirchliche Ämter ausgebildet worden wie für die Bischöfe und die Presbyter. Seit es wieder Ständige Diakone gibt, werden diesen zwar unterschiedliche Aufgaben zugewiesen und ihnen damit auch unterschiedliche kirchliche Ämter übertragen; aber bis heute haben sich dafür noch nicht feste Amtsbezeichnungen eingebürgert[32]. Dies mag auch damit zusammenhängen, daß „Diakon“ nicht nur als Bezeichnung einer Stufe des sakramentalen Ordo, sondern irrigerweise auch als Bezeichnung eines Amtes verstanden wird, das durch die Diakonenweihe übertragen werde.

Mit einzelnen kirchlichen Ämtern, die einem Presbyter übertragen werden, ist kraft allgemeinen Rechts die kirchliche Sendung für eine Befugnis verbunden, die mit der Bischofsordination durch Gesetz verbunden ist. Während jeder ordinierte Bischof kraft Gesetzes die Befugnis zu firmen hat (c. 882), haben diese Befugnis von Amts wegen z.B. die Apostolischen Präfekten, die nicht zum Bischof ordiniert sind (c. 883 § 1 i.V.m. c. 368 u. c. 381 § 2).

c) Kirchliche Sendung durch persönliche Beauftragung

Auch ein Priester, dem (noch) kein kirchliches Amt übertragen ist, kann durch persönliche Beauftragung (Delegation) für bestimmte Aufgaben als Organ der Kirche in Dienst genommen werden. Der Ortsordinarius kann jedem Priester die Befugnis zur sakramentalen Lossprechung schriftlich übertragen (cc. 969 § 1 u. 973). Gewöhnlich wird diese Befugnis jedem Priester vom Tag der Ordination an durch persönliche Beauftragung übertragen, in den ersten Jahren in der Regel zeitlich begrenzt und schließlich bis auf Widerruf. Kraft dieser Indienstnahme durch persönliche Beauftragung kann jeder Priester im Sakrament der Buße von Sünden lossprechen (c. 967 § 2), auch wenn ihm nicht ein Amt übertragen wird, mit dem diese Befugnis von Rechts wegen verbunden ist, oder wenn er ein solches Amt, das ihm übertragen wurde, verloren hat. Der Diözesanbischof kann Priestern durch persönliche Beauftragung die Befugnis übertragen, das Sakrament der Firmung zu spenden (c. 884 § 1). Der Ortsordinarius und

[32] Die Rahmenordnung für Ständige Diakone in den Bistümern der Bundesrepublik Deutschland beschreibt zwar verschiedene „berufliche Aufgabenbereiche“, überläßt aber die konkrete Festlegung der Schwerpunkte der Tätigkeit des einzelnen Diakons „je nach den pastoralen Strukturen und Erfordernissen und entsprechend seiner Ausbildung und Eignung“ der jeweiligen „Stellenbeschreibung“; in: Die deutschen Bischöfe, Heft 50, 9 f.

der Ortspfarrer, die kraft ihres Amtes in ihrem Bereich jedes Brautpaar trauen können, können diese Befugnis auch jedem Priester und jedem Diakon durch Delegation übertragen (c. 1108 § 1). Dies kann für Einzelfälle oder auch in allgemeiner Weise geschehen (c. 1111).

Kirchliche Sendung durch persönliche Beauftragung kann nicht nur durch einen Verwaltungsakt eines Organs der Kirche, sondern auch von Rechts wegen erfolgen. So kann jeder Priester, dem die Befugnis zur sakramentalen Lossprechung nicht übertragen wurde oder die übertragene Befugnis entzogen wurde, jegliche Pönitenten, die sich in Todesgefahr befinden, im Sakrament der Buße von Sünden und auch von allen Beugestrafen absolvieren (c. 976). Für jene, die sich in Todesgefahr befinden, hat der Pfarrer und sogar jeder Priester von Rechts wegen die Befugnis, zu firmen (c. 883 n. 3).

IV. Laien als Amtsträger in der Kirche

1. Rechtliche Stellung der Laien in der Kirche

Viele stoßen sich daran, daß der Begriff „Laie" in negativer Weise als „Nichtkleriker" bestimmt wird. In Wirklichkeit ist mit dieser negativen Aussage der Begriff „Laie" nur teilweise bestimmt. Der wichtigere, nämlich positive Teil wird dabei übergangen. Das Zweite Vatikanische Konzil bestimmt die Laien als „die Christgläubigen, die, durch die Taufe Christus eingegliedert, zum Volk Gottes gemacht und des priesterlichen, prophetischen und königlichen Amtes Christi auf ihre Weise teilhaftig, zu ihrem Teil die Sendung des ganzen christlichen Volkes in der Kirche und in der Welt ausüben", soweit sie nicht dem Klerikerstand angehören (LG Art. 31 Abs. 1). Insofern besteht „unter allen eine wahre Gleichheit in der allen Gläubigen gemeinsamen Würde und Tätigkeit zum Aufbau des Leibes Christi" (LG Art. 32 Abs. 3)[33]. Die Klerikern und Laien gemeinsame Würde besteht also darin, daß sie alle Christus eingegliedert sind und dadurch an seinem priesterlichen, prophetischen und königlichen Dienst (munus) teilhaben; die allen Gläubigen in gleicher Weise eigene Tätigkeit besteht darin, daß sie als Glieder des Volkes Gottes

[33] Vgl. cc. 204 § 1; 208 CIC.

alle zur Ausübung der Sendung der Kirche berufen sind. Was die Laien von den Klerikern unterscheidet, ist dies, daß sie nicht wie diese durch das Sakrament des Ordo zu einem besonderen Dienst geweiht und bestimmt sind (vgl. c. 1008). Den Klerikern kommen daher über die Pflichten und Rechte aller Gläubigen (cc. 208-223) hinaus keine weiteren Rechte, sondern nur weitere Pflichten zu[34]. Andererseits enthält der Titel über „Pflichten und Rechte der Laien" (cc. 224-231) nichts, was über die Pflichten und Rechte aller Gläubigen (cc. 208-223) hinausginge.

2. Kirchliche Ämter für Laien

Wie es unzutreffend ist, daß durch das Sakrament des Ordo ein kirchliches Amt übertragen werde, so ist es auch ein Mißverständnis, daß alle Laien ein Amt in der Kirche hätten[35]. Daß die Laien Rechte und Pflichten in der Kirche haben, bedeutet nicht, daß sie ein Amt in der Kirche haben, wie auch die Staatsbürger nicht alle Staatsbeamte sind, auch wenn sie Rechte und Pflichten haben. Andererseits können bestimmte kirchliche Ämter auch Laien übertragen werden[36]. Zwar wird neben den kirchlichen Grundämtern auch für manche kirchliche Hilfsämter ausdrücklich die sakramentale Ordination verlangt oder vorausgesetzt. So müssen z. B. der Generalvikar (c. 478 § 1) und der Pfarrvikar (c. 546) Priester sein. Soweit jedoch für einzelne kirchliche Ämter im Gesetz nicht ausdrücklich sakra-

---

[34] Der CIC enthält zwar einen eigenen Titel mit der Überschrift „Pflichten und Rechte der Kleriker" (cc. 273-289). In diesem Titel gibt es aber nur zwei Canones, die von Rechten sprechen, nämlich dem Recht, sich zu Vereinigungen zusammenzuschließen (c. 278), und dem Recht auf Vergütung für den Dienst, den sie in der Kirche leisten (c. 281). Dies aber sind keine spezifischen Rechte der Kleriker. Das Recht der Vereinigungsfreiheit kommt allen Gläubigen zu (c. 215); das Recht auf Vergütung für die Leistung eines kirchlichen Dienstes haben auch die Laien, die einen solchen Dienst leisten (c. 231).

[35] So z.B. Elmar Klinger, Das Amt der Laien in der Kirche. Die Theologie des Volkes Gottes nach dem II. Vaticanum; in: Elmar Klinger/Rolf Zerfaß (Hrsg.), Die Kirche der Laien. Eine Weichenstellung des Konzils. Würzburg 1987, 67-85.

[36] Vgl. Kaiser (Anm. 1) 379-383.

mentale Ordination vorausgesetzt wird, können diese Ämter auch Laien übertragen werden. In manchen Fällen ist sogar ausdrücklich bestimmt, daß auch Laien für ein bestimmtes kirchliches Amt bestellt werden können[37]. So können in der Bischöflichen Kurie die Ämter des Ökonomen (c. 494 § 1), des Kanzlers, des Vizekanzlers und des Notars (cc. 482; 483) Laien übertragen werden. Im Bereich der kirchlichen Gerichte können beratende Beisitzer des Einzelrichters (c. 1424), Vernehmungsrichter (c. 1428 § 2) sowie Kirchenanwalt und Bandverteidiger (c. 1435) Kleriker oder Laien sein. In besonderen Fällen kann ein Laie sogar als erkennender Richter in einem Kollegialgericht mitwirken (c. 1421 § 2), der dann auch als Berichterstatter (c. 1429) bestellt werden kann. Soweit bei einem kirchlichen Gericht beamtete Parteibeistände bestellt werden, können diese ebenfalls Laien sein (c. 1490).

Im Bereich des Verkündigungsdienstes können Laien als Prediger (c. 766)[38], Katecheten (c. 776), Katechisten zur Unterstützung der Missionare (c. 785 § 1) und auch als Missionare (c. 784) bestellt werden. Auch Religionslehrer in den Schulen können Laien sein (c. 804 § 2). Ausdrücklich bestimmt c. 229 § 3, daß Laien einen Auftrag zur Lehre in theologischen Wissenschaften erhalten können. Unter den Eignungsvoraussetzungen der Professoren an theologischen Fakultäten (c. 818 i.V.m. c. 810 § 1) und der Lehrer in den philosophischen, theologischen und kirchenrechtlichen Disziplinen in Priesterseminaren (c. 253 § 1) ist nicht verlangt, daß diese Priester sein müßten.

Für Ämter, die der Seelsorge in ihrem vollen Umfang dienen, kann nur bestellt werden, wer die Priesterweihe empfangen hat (c. 150). Damit ist einschlußweise aber auch gesagt, daß Ämter, die nur einen Teilbereich der Seelsorge umfassen, nämlich den Bereich, für dessen Wahrnehmung die Priesterweihe nicht erforderlich ist, auch Laien übertragen werden können. In den cc. 517 § 2 und 519 ist ausdrück-

---

[37] Diese Möglichkeit hat das Zweite Vatikanische Konzil eröffnet (LG Art. 33 Abs. 3). Vgl. auch c. 228 § 1 CIC.

[38] Vgl. dazu die von der Deutschen Bischofskonferenz am 24. Februar 1988 beschlossene „Ordnung des Predigtdienstes von Laien"; in: Amtsblatt für die Diözese Regensburg 1988, 113. Matthäus Kaiser, Der Predigtdienst von Laien in kirchenrechtlicher Sicht; in: Klerusblatt 68 (1988) 99-102.

lich vorgesehen, daß Laien an der Wahrnehmung der Seelsorgaufgaben beteiligt werden können. Die Deutsche Bischofskonferenz hat dafür die hauptberuflichen pastoralen Dienste des Gemeindereferenten und der Gemeindereferentin sowie des Pastoralreferenten und der Pastoralreferentin geschaffen. Dabei unterstellt die Bischofskonferenz, daß diese hauptberuflichen pastoralen Dienste für Laien, die Männern und Frauen offenstehen, keine kirchlichen Ämter seien. In den Rahmenstatuten wird der Dienst des Gemeindereferenten und der Gemeindereferentin als „allgemeine Unterstützung des kirchlichen Amtes“[39] und der Dienst des Pastoralreferenten und der Pastoralreferentin als „Ergänzung des Dienstes des kirchlichen Amtes mit eigener Sachkompetenz in bestimmten pastoralen Sachgebieten“[40] beschrieben. Diese pastoralen Dienste werden also zwar „dem kirchlichen Amt“ zugeordnet, dadurch aber auch von diesem abgegrenzt. Dies geht sogar soweit, daß kirchliche Verlautbarungen den Gemeindereferenten und Gemeindereferentinnen sowie den Pastoralreferenten und Pastoralreferentinnen untersagen, sich Seelsorger zu nennen, da der Titel „Seelsorger“ „dem kirchlichen Amt“ bzw. den Priestern vorbehalten sei, die dafür die heilige Weihe empfangen haben[41]. Wenn Autoren solcher Äußerungen noch nicht zur Kenntnis genommen haben, daß durch das Zweite Vatikanische Konzil der Begriff des kirchlichen Amtes in der Weise erweitert wurde, daß kirchliche Ämter auch Laien übertragen werden können (vgl. cc. 145 u. 228 CIC), dürfte ihnen doch nicht entgangen sein, daß es seit Jahrhunderten in der Kirche nicht „*das* kirchliche Amt“, sondern viele verschiedenartige kirchliche Ämter gibt.

Die Rahmenstatuten sehen vor, daß die Gemeindereferenten und Gemeinereferentinnen sowie die Pastoralreferenten und Pastoralreferentinnen „über die Erteilung der missio canonica für den schulischen Religionsunterricht hinaus zur Mitwirkung an der einen oder anderen Aufgabe des kirchlichen Amtes beauftragt werden“ kön-

[39] Rahmenstatuten und -ordnungen für Gemeinde- und Pastoralreferenten/referentinnen vom 10. März 1987; in: Die deutschen Bischöfe, Heft 41, 7.

[40] Ebenda 33.

[41] So z. B. Amtsblatt für die Diözese Regensburg 1984, 73 f. Vgl. dazu auch Rolf Zerfaß, Menschliche Seelsorge. Für eine Spiritualität von Priestern und Laien im Gemeindedienst. Freiburg 1985, 168.

nen[42]. Im einzelnen werden die Beauftragung als Lektoren, Akolythen und Kommunionhelfer und die Beauftragung zum Predigtdienst genannt. Dabei wird verlangt, „darauf zu achten, daß nicht durch eine Kumulierung von Aufgaben des kirchlichen Amtes ... das Spezifische ihres Berufs und Dienstes verdeckt wird“[43]. Die in den Rahmenstatuten beschriebenen „beruflichen Aufgabenbereiche“[44] der Gemeindereferenten und Gemeindereferentinnen sowie der Pastoralreferenten und Pastoralreferentinnen gehören jedoch alle auch zum Aufgabenbereich des Pfarrers, also zum Aufgabenbereich, der mit einem kirchlichen Amt verbunden ist. Aus den Formulierungen der Rahmenstatuten ist also zu erschließen, daß die Deutsche Bischofskonferenz „das“(!) kirchliche Amt als die Befugnisse versteht, die durch kirchliche Sendung kraft Gesetzes mit der sakramentalen Ordination verbunden, also gerade *nicht* kirchliches Amt sind. Die Dienste des Gemeindereferenten und der Gemeindereferentin sowie des Pastoralreferenten und der Pastoralreferentin weisen jedoch alle Begriffsmerkmale des kirchlichen Amtes gemäß c. 145 § 1 auf, sind also kirchliche Ämter. Dagegen kann nicht eingewendet werden, daß aus den in den Rahmenstatuten aufgezählten Aufgaben im Einzelfall gemäß den örtlichen Bedürfnissen eine Auswahl getroffen werden kann[45]. Dasselbe gilt nämlich gemäß c. 479 § 2 auch für das Amt des Bischofsvikars. Sein Aufgabenbereich ist in jedem Einzelfall bei der Ernennung festzulegen. Die kirchlichen Ämter des Gemeindereferenten und der Gemeindereferentin sowie des Pastoralreferenten und der Pastoralreferentin werden ausschließlich Laien oder allenfalls noch einem Diakon übertragen. Da ihre Aufgaben gemäß den Rahmenstatuten ausschließlich Seelsorgaufgaben sind, sind die Inhaber dieser Ämter auch Seelsorger.

Daß der Dienst des Gemeindereferenten und der Gemeindereferentin sowie der Dienst des Pastoralreferenten und der Pastoralreferentin von der Deutschen Bischofskonferenz im Widerspruch zum geltenden kirchlichen Recht nicht als kirchliche Ämter anerkannt werden, ist aus der Entstehungsgeschichte zu erklären. Als diese

[42] Rahmenstatuten (Anm. 39) 14 u. 40.
[43] Ebenda 15 u. 40.
[44] Ebenda 8 f. u. 34 f.
[45] Ebenda 9 u. 34.

Dienste entwickelt und eingeführt wurden[46], galt noch der CIC/1917. Nach der Legaldefinition des kirchlichen Amtes in c. 145 CIC/1917 konnten Laien nicht Inhaber eines kirchlichen Amtes sein, da mit einem kirchlichen Amt Kirchengewalt als potestas ordinis oder potestas iurisdictionis verbunden war. Davon ausgehend waren die pastoralen Dienste für Laien in den Rahmenstatuten und -ordnungen von 1978/79 nicht als kirchliche Ämter zu bezeichnen. In die überarbeiteten Rahmenstatuten und -ordnungen vom 10. März 1987 wurden die entsprechenden Bestimmungen im wesentlichen unverändert übernommen, obwohl durch das 1983 promulgierte und in Kraft getretene revidierte Gesetzbuch in c. 145 das kirchliche Amt anders definiert worden ist und dadurch eine veränderte Ausgangslage geschaffen war. Die Bischofskonferenz hat dabei nicht bedacht, daß nach der veränderten Rechtslage die pastoralen Dienste für Laien als kirchliche Ämter anzuerkennen sind. Daraus erwächst zu einem guten Teil die bis heute bestehende Rollenunsicherheit der Inhaber dieser Ämter.

Äußerst befremdlich ist die Anordnung[47], daß die Beauftragung als Lektor, Akolyth und Kommunionhelfer nicht allgemein zu den Amtsaufgaben gehört und sogar restriktiv gehandhabt werden soll. Wenn Gemeindereferenten und Gemeindereferentinnen sowie Pastoralreferenten und Pastoralreferentinnen in der allgemeinen Pfarrseelsorge Mitarbeiter des Pfarrers sind, sollte es sich von selbst verstehen, daß sie auch in der Feier des Gottesdienstes zusammen mit dem Pfarrer Dienst am Altar leisten, wie es auch selbstverständlich ist, daß der Pfarrer als Gemeindevorsteher auch der Eucharistiefeier vorsteht.

---

[46] Beschluß der Gemeinsamen Synode der Bistümer in der Bundesrepublik Deutschland vom 7./11. Mai 1975 „Die Pastoralen Dienste in der Gemeinde“; in: Gemeinsame Synode der Bistümer in der Bundesrepublik Deutschland. Offizielle Gesamtausgabe, Bd. I, Freiburg-Basel-Wien ^{2}1976, 597-636; Beschluß der Deutschen Bischofskonferenz vom 2. März 1977 „Zur Ordnung der pastoralen Dienste“; in: Die deutschen Bischöfe, Heft 11; „Rahmenstatuten und -ordnungen für Diakone und Laien im pastoralen Dienst“ der Deutschen Bischofskonferenz von 1978/1979; in: Die deutschen Bischöfe, Heft 22.

[47] Vgl. Anm. 43.

3. Übertragung kirchlicher Ämter an Laien

Nach den Rahmenstatuten stehen Gemeindereferenten und Gemeindereferentinnen sowie Pastoralreferenten und Pastoralreferentinnen nicht in einem Beamtenverhältnis. Ihr Arbeitsverhältnis ist in einem Arbeitsvertrag geregelt, den das Bistum mit den einzelnen abschließt. Die bischöfliche Bestellung zum Dienst im Bistum erfolgt im Rahmen einer gottesdienstlichen Feier, in der die Vertragsurkunde ausgehändigt wird. Über eine Versetzung aufgrund der pastoralen Erfordernisse oder auf eigenen Wunsch entscheidet der Bischof[48]. Aus all dem wird ersichtlich, daß es sich nicht um ein rein privatrechtliches Arbeitsverhältnis handelt. Die bischöfliche Bestellung zum Dienst ist eine Form der freien Amtsübertragung nach kirchlichem Recht (c. 147).

Einer Klärung bedarf das Verhältnis von gottesdienstlicher Feier und kirchlicher Sendung. Das kirchliche Gesetzbuch sieht in c. 230 § 1 vor, daß männliche Laien durch den vorgeschriebenen liturgischen Ritus für die Dienste des Lektors und des Akolythen auf Dauer bestellt werden können. Hier wird also ausdrücklich bestimmt, daß die Bestellung zu diesen Diensten durch liturgischen Ritus erfolgt. Es kann aber auch keinem Zweifel unterliegen, daß es sich bei den Diensten des Lektors und des Akolythen um kirchliche Ämter im Sinn des c. 145 handelt[49], für die daher auch die Bestimmungen über die Übertragung kirchlicher Ämter in den cc. 146-183 gelten. Im Gebiet der Deutschen Bischofskonferenz wird von der Möglichkeit, Lektoren und Akolythen auf Dauer durch liturgischen Ritus zu bestellen, nicht Gebrauch gemacht, sondern werden Lektoren und Kommunionhelfer durch schriftliche Beauftragung auf Zeit bestellt[50]. Der Grund dafür dürfte darin zu sehen sein, daß die Bestellung der Lektoren und Akolythen auf Dauer durch liturgischen Ritus auf männliche Laien beschränkt ist (c. 230 § 1), während auf Zeit und

---

[48] Rahmenstatuten (Anm. 39) 12 f. u. 38 f.

[49] Die weitere Bestimmung in c. 230 § 1, daß die Übertragung dieser Dienste keinen Anspruch auf Unterhalt oder Vergütung von seiten der Kirche gewährt, weist diese Ämter ausdrücklich als Ehrenämter aus.

[50] Der Dienst des Kommunionhelfer: Amtsblatt für die Diözese Regensburg 1991, 105-107.

ohne liturgischen Ritus auch Frauen mit der Wahrnehmung dieser und anderer Dienste beauftragt werden können (c. 230 §§ 2 u. 3).

Tatsächlich erfolgt in der Regel[51] die Verleihung der Missio canonica für die Erteilung des Religionsunterrichts und die Bestellung zum Pastoralreferenten oder zur Pastoralreferentin und zum Gemeindereferenten oder zur Gemeindereferentin in einer gottesdienstlichen Feier. Dabei bleibt offen, ob die Übertragung des Amtes entsprechend c. 230 § 1 durch den liturgischen Ritus oder gemäß c. 156 durch die Überreichung der Urkunde geschieht. Daß darüber bisher noch kaum nachgedacht wurde, mag mit dem allgemeinen Mißverständnis zusammenhängen, daß „das kirchliche Amt" durch gottesdienstliche (sakramentale) Feier übertragen werde.

Der sakramentalen Ordination entsprechend wird auch bei der Übertragung kirchlicher Ämter an Laien der liturgische Ritus bei Stellenwechsel oder Versetzung nicht wiederholt. Dabei geht es nicht immer nur um einen Ortswechsel, sondern immer öfter auch um einen Wechsel im Aufgabenbereich. Im Unterschied zu den Bischöfen und den Priestern haben die Laien, denen kirchliche Ämter übertragen werden, mit den wieder neu eingeführten Ständigen Diakonen gemeinsam, daß es unabhängig von verschiedenen Aufgabenbereichen nur jeweils eine Amtsbezeichnung gibt: Diakon, Pastoralreferent bzw. Pastoralreferentin und Gemeindereferent bzw. Gemeindereferentin. In Wirklichkeit aber sind auch für die Ständigen Diakone und die Laien als kirchliche Amtsträger unterschiedliche Ämter geschaffen worden, für die lediglich noch nicht auch unterschiedliche Bezeichnungen gefunden wurden.

---

51 In Ausnahmefällen, z.B. wegen Krankheit zu der Zeit, da die gottesdienstliche Feier stattfindet, werden die entsprechenden Urkunden außerhalb einer gottesdienstlichen Feier ausgehändigt oder auch mit der Post zugestellt.

Herausgeber und Autoren

Bausenhart, Guido Dr. theol., Leiter der pastoral-praktischen Ausbildung der Pastoralassistenten/innen in der Diözese Rottenburg-Stuttgart, Rottenburg

Jilek, August Dr. theol., o. Prof. für Liturgiewissenschaft, Katholisch-Theologische Fakultät, Universität Regensburg

Kaiser, Matthäus Dr. theol., Lic. iur. can., em. o. Prof. für Kirchenrecht, Katholisch-Theologische Fakultät, Universität Regensburg

Kessler, Michael Dr. theol., M.A., Direktor des Instituts für Fort- und Weiterbildung der Diözese Rottenburg-Stuttgart, Rottenburg

Knobloch, Stefan Dr. theol., o. Prof. für Pastoraltheologie, Fachbereich Katholische Theologie, Universität Mainz

Schulz, Frieder D., Liturgiewissenschaftler, Heidelberg

Walter, Peter Dr. theol., o. Prof. für Dogmatik, Theologische Fakultät, Universität Freiburg

Die ersten Bände der Reihe “KONTAKTE”:

Michael Fischer / Alwin Hummel / Franz Nagler/
Hans Ostertag (Hrsg.)

Basisgemeindliche Kirche

Dokumentation

Band 1, 1996, 174 Seiten, DM 29,80/ÖS 233,–/SFr 29,80
ISBN 3-7720-2520-X

Michael Kessler (Hrsg.)

Eucharistie

Rückfragen zum Katechismus der Katholischen Kirche

Band 2, 1996, 155 Seiten, DM 29,80/ÖS 233,–/SFr 29,80
ISBN 3-7720-2521-8

Albert Biesinger / Michael Kessler (Hrsg.)

Himmel – Hölle – Fegefeuer

Theologisches Kontaktstudium 1995

Band 3, 1996, 133 Seiten, DM 29,80/ÖS 233,–/SFr 29,80
ISBN 3-7720-2522-6

Michael Kessler (Hrsg.)

Ordination – Sendung – Beauftragung

Anfragen und Beobachtungen zur rechtlichen, liturgischen und theologischen Struktur

Band 4, 1996, 141 Seiten, DM 29,80/ÖS 233,–/SFr 29,80
ISBN 3-7720-2523-4